T0275089

La RUEDA del AÑO

La RUEDA del AÑO
YEAR OF THE WITCH

*Conecta con las estaciones de la naturaleza
a través de la magia intutiva*

TEMPERANCE ALDEN

Traducción de Carla Bataller Estruch

This edition is published by arrangement with Red Wheel Weiser, Llc. through Yañez, part of International Editors' Co. YEAR OF THE WITCH © 2020 BY TEMPERANCE ALDEN.

© TEMPERANCE ALDEN, 2022.
© TRADUCCIÓN: CARLA BATALLER ESTRUCII, 2022
© EDITORIAL ALMUZARA, S.L., 2022

Primera edición: septiembre, 2022

EDITORIAL ARCOPRESS • COLECCIÓN ENIGMA
Edición: Pilar Pimentel
Maquetación: Fernando de Miguel

Síguenos en @AlmuzaraLibros

Imprime: ROMANYÀ VALLS
ISBN: 978-84-11311-13-7
Depósito Legal: CO-1148-2022
Hecho e impreso en España - *Made and printed in Spain*

EDITORIAL ALMUZARA
Parque Logístico de Córdoba. Ctra. Palma del Río, km 4
C/8, Nave L2, nº 3. 14005 - Córdoba

*«Hay dos cosas que me interesan: la relación entre las personas
y la relación de las personas con la tierra».*

—Aldo Leopold

ÍNDICE

Prefacio

Buda dijo en una ocasión: «Sigue la verdad del camino. Reflexiona sobre ella. Hazla tuya. Vívela. Ella siempre te sustentará». Cada día, se nos ofrece una oportunidad única para crear la vida que queremos vivir, desde los amigos con los que nos rodeamos y el lugar en el que elegimos vivir, hasta las creencias y actitudes que adoptamos.

De niña, me iniciaron en una forma de magia irlandesa tradicional y durante mi adolescencia seguí aprendiendo sobre distintas tradiciones. La Wicca era popular en aquella época y la rueda del año más aún. De pequeña viví por todo Estados Unidos: en los trópicos del sur de Florida, en las Montañas Rocosas en Montana, en el desierto de Oregón y en muchos otros lugares maravillosos. Estas zonas poseían geografías y climas tan diferentes que, cada vez que nos mudábamos, lo que me había parecido familiar se volvía ajeno y extraño. Si vivía en un sitio donde hacía calor cuando debería hacer frío, ¿cómo encajaba esto en Yule?

Estas mudanzas me ayudaron a formarme una idea de lo que significa experimentar la rueda del año. Me hicieron pensar de forma crítica y hacerme preguntas como: ¿Aún podemos celebrar la rueda del año tal y como está establecida si no vivimos en un lugar donde el clima se corresponde con la temática del *sabbat*? ¿Qué ocurre cuando el clima en el que vivimos es radicalmente distinto? ¿Cómo podemos vivir nuestra propia verdad?

Mi verdad es un reflejo directo de mi camino personal en la brujería. La brujería tradicional extrae su conocimiento de muchos lugares, sobre todo del boca a boca, transmitido de generación en generación. Soy una bruja de herencia tradicional, estadounidense e irlandesa, pero no siempre he sido pagana. Con los años, me desprendí de mi religión judeocristiana para seguir un camino de la mano izquierda en el paganismo y diseñar la práctica única que uso hoy en día.

Cada persona, da igual dónde resida o cuáles sean sus experiencias, tiene la habilidad de vivir con intención cada día. La combinación de estos días forma la rueda del año que cada uno vive. Algunas personas pueden tener una rueda con muchas fiestas basadas en eventos celestiales, celebraciones laicas y festivales religiosos. Otras pueden incluir en su rueda las temporadas de cosechas, los ciclos lunares y las condiciones climáticas. Y por eso, precisamente, crear y celebrar tu propia rueda del año es tan divertido.

La magia es audaz y única y no hay reglas, excepto las que aplicamos nosotras mismas. Lo que puede encajar en el camino de una persona puede no venirnos bien a nosotras. Celebrar los ciclos naturales y el ritmo del año no es distinto... y de esto trata este libro. No hay ninguna ley que diga que todas las brujas deben celebrar Imbolc o Mabon. Nadie va a venir a llamar a tu puerta para decirte que te equivocas por incorporar celebraciones laicas como el Día de San Valentín o el Día de la Independencia de Estados Unidos. Abrir un espacio para la libertad y el placer en nuestro día a día solo nos impactará de una forma positiva.

Mientras escribía este libro, fue inevitable recordar mis inicios, cuando aún intentaba comprender qué significaba ser bruja. Mi madre irlandesa era católica y me transmitió la fuerza del catolicismo tradicional. Mi padre era un budista converso cuyas convicciones se intensificaron tras la muerte de mi madre. Aunque aprendí las tradiciones a partir de mi madre, la perspectiva me la proporcionó mi padre: los conceptos de vida y muerte, de sufrimiento y lo que significa estar vivo.

Gracias a la influencia de estas dos personas, recibí dos de mis lecciones vitales más valiosas: nunca interpretes la información al pie de la letra y no dejes de buscar tu verdad interior. *La Rueda del Año* no me pertenece ni a mí ni a ninguna bruja, sino a todas las brujas como colectivo. Es un año en el que decidimos vivir nuestra propia verdad y recuperar nuestro poder y nuestra voz. ¿Cómo aprovecharás tú este año?

INTRODUCCIÓN

Tanto si has estudiado la rueda del año en profundidad como si has oído hablar de ella de pasada, es muy posible que te hayas encontrado con este estimado pilar de la brujería moderna. Compuesta por los ocho *sabbats* —Samaín, Yule, Imbolc, Ostara, Beltane, Litha, Lugnasad y Mabon—, la rueda del año tradicional forma parte, de alguna manera, de la práctica diaria y anual de muchas brujas. En esta versión de la rueda no se incluyen las celebraciones locales según la temporada ni se tienen en cuenta climas concretos ni tus propias tradiciones personales.

Hasta cierto punto, cada persona practica su propio año de la bruja. Este año puede incluir cumpleaños y aniversarios, fiestas locales y culturales, celebraciones religiosas y espirituales y días de vacaciones. Estos años son fluidos y cambian con nosotras y con el paso del tiempo a medida que perdemos o incorporamos nuevos miembros a la familia, empezamos o terminamos trabajos, nos mudamos a un nuevo lugar o seguimos el camino hacia nuestra verdad personal.

Mi objetivo con este libro es proporcionarte lo necesario para crear tu rueda del año personalizada. En las siguientes páginas exploraremos los conceptos básicos de la brujería guiada por la intuición, su función en la rueda del año, la rueda tradicional, el cambio climático y más.

Todo cabe en un año

Hoy es el primer día del resto del año. Mañana también será el primer día del resto del año. Considerar el año de esta forma conlleva alejarse de calendarios y eventos y estar presente en el momento de un modo intencional. Este concepto, que parece sencillo, es muy difícil en la práctica y requiere dedicación y devoción.

Hoy en día, cuando alguien empieza a practicar brujería, una de las primeras cosas que aprende y copia en su diario o libro de las sombras es la rueda del año. Resulta sencillo conocer las fechas y las correlaciones básicas, pero he visto a muchas personas con problemas para aprovechar y manifestar la energía sutil de cada estación usando solo estos recursos.

En los últimos años, he participado de forma activa en la enseñanza del paganismo y la magia tradicional *online* y de forma presencial, y me he dado cuenta de que, cuando una persona empieza su camino, a menudo pasa por alto los matices de las celebraciones en un esfuerzo de «avanzar» con más rapidez. Por si fuera poco, mucho de lo que oyes y lees te hará pensar que gran parte de las celebraciones religiosas modernas fueron robadas con brutalidad y de un modo directo a los paganos cuando la Iglesia católica convirtió las religiones tradicionales de Europa. Por estos motivos, entre otros, muchas brujas principiantes descubren que tienen problemas para desarrollar una rueda del año individual e intuitiva. Gracias a mi experiencia, he aprendido que, para conectarte y poner en práctica tu propia rueda del año intuitiva, debes empezar por lo más básico: con tu día a día.

El año de cada bruja

El año de la bruja es tu año. Mi principal objetivo a la hora de escribir este libro es inspirar una chispa de cambio en el camino de brujas tanto principiantes como veteranas. Al aprender los orígenes, las tradiciones y las alternativas a la rueda, es más fácil crear la realidad que queremos en nuestro propio viaje.

Para la bruja, cada día del año puede ser sagrado. El año de la bruja empieza en ti y empieza ahora mismo. Como dice el psicólogo Charles

Richards: «No te dejes engañar por el calendario. Hay tantos días en un año como los que quieras aprovechar. Un hombre puede sacar de un año el equivalente a una semana mientras que otro puede sacar un año a partir de una semana».

Intuición, intuición, intuición

Una de las habilidades más importantes que puede desarrollar la bruja moderna es la intuición. Sin embargo, no es fácil acceder a ella y hay muchas formas de perder el contacto con el sentido intuitivo. A lo largo de las páginas de libro, aprenderemos formas concretas de practicar la brujería guiadas por la intuición, de confiar en ella y de usar la rueda del año a fin de capacitarte para elegir tus propios métodos a la hora de celebrar el cambio de las estaciones.

Aunque se habla extensamente de intuición, muchas principiantes a quienes doy clase a menudo preguntan qué es en concreto y cómo podemos acceder a ella. La intuición se puede desglosar en tres niveles: intuición pasiva (suposición absoluta), intuición (sensibilidad intuitiva moderada) e intuición instruida (intuición activa). La sensibilidad intuitiva es relevante, sobre todo en esta conversación sobre la rueda del año y el clima, porque muchas cosas que ocurren en el exterior se pueden percibir a través del cuerpo; y no solo del cuerpo físico, sino también espiritual e intuitivo.

Cada criatura sintiente es capaz de experimentar intuición y, a lo largo del día, mucha gente experimenta una forma u otra de estos tres niveles. Cuando empezamos a centrarnos y perfeccionar la práctica de la brujería, expandimos nuestra intuición desde los niveles pasivos hasta los niveles conscientes y activos. Usar la intuición activa es muy parecido a ejercitar un nuevo músculo: cuanto más practiques y lo desarrolles, más fuerte se vuelve y más fácil resulta de usar.

Poderes supremos

Trabajar siguiendo la rueda del año encaja con cualquier práctica mágica secular, religiosa o espiritual. No tienes que pertenecer a ninguna religión o credo concreto para seguir los ritmos de la naturaleza, y por eso es tan especial. Si miramos la rueda tradicional, en general, los festivales veneran a alguna deidad relacionada con la Wicca. Estos dioses y diosas también se encuentran en otras formas de paganismo y hasta se pueden reconocer (sin adorarlos) a un nivel laico.

Para las brujas más laicas o tradicionales, la rueda del año en su formato actual puede parecer llena de connotaciones religiosas. En muchas ocasiones, me he encontrado con principiantes que siguen un camino más secular y que se preguntan cómo pueden celebrar estos festivales cuando no adoran a esas deidades en concreto. Si desarrollamos una práctica con una rueda del año basada en la intuición, las brujas laicas disfrutarán de la libertad de practicarla de una forma auténtica según su camino personal.

En este viaje por el año intuitivo, cada persona recorre un camino diferente. Así pues, cada cual invocará los poderes supremos con los que prefiera trabajar, ya sea la energía del universo en un sentido amplio o los dioses y deidades más concretos. A medida que avancemos en este libro, exploraremos el mundo de los espíritus de la tierra y de su función en la práctica diaria y estacional. Los espíritus de la tierra se pueden adorar, invocar y celebrar del mismo modo que a un dios o a una diosa, pero tienen la ventaja especial de estar vinculados directamente al territorio en el que residimos. Trabajar con espíritus de la tierra y crear una rueda intuitiva personal son los dos pilares sobre los que desarrollarás tu camino en la brujería tradicional.

I

BRUJERÍA INTUITIVA

*«A veces tienes que salir de la ciudad de tu comodidad y adentrarte
en la naturaleza de tu intuición. Lo que descubrirás será maravilloso.
Te descubrirás a ti mismo».*

—Alan Alda

En mi opinión, la brujería intuitiva es quizá el mejor y el peor secreto guardado de la brujería moderna. ¿Por qué es el mejor secreto guardado si frases con «intuitivo» aparecen en casi todas las redes sociales? En general, aunque el término se usa ampliamente, veo que es difícil encontrar fuentes sobre cómo expandir, profundizar y progresar en brujería intuitiva de un modo instruido y formado.

Intuición no es un término del movimiento *New Age* moderno, sino algo mucho más grande que hunde sus raíces en la psicología. En un artículo que apareció en el *British Journal of Psychology* en 2008, titulado «Intuition: A Fundamental Bridging Construct in the Behavioural Sciences»[1], un grupo de investigadores de la Universidad de Leeds definió la intuición como «el resultado de la forma en la que nuestros cerebros almacenan, procesan y recuperan información a un nivel subconsciente». Para la mayoría de personas, la conexión y el uso de la intuición es tan natural que nuestra mente consciente y activa no lo percibe. El modo en el que interactuamos con el mundo hoy influye en las reacciones intuitivas del futuro. En este sentido, nuestra intuición no deja de formarse y cambiar; crece junto con nuestro crecimiento mental y espiritual.

En cuanto a la brujería, la intuición es una de las habilidades más útiles que podemos desarrollar. Es posible acceder a la intuición para infundir nuestra magia a los hechizos. Una bruja puede crear hechizos que sean únicos de su camino para reunir energía y poder que son difíciles de encontrar a través de otros tipos de magia. No estoy diciendo que los hechizos escritos o preparados de antemano no sean «buenos», porque la magia se encuentra allá donde la hacemos; sin embargo, aprovechar el poder de la intuición de un modo controlado puede abrir un nivel de profundidad y conocimiento que no hallaríamos si confiamos por completo en los hechizos de otras personas.

---

1   «Intuición: un constructo puente en las ciencias del comportamiento». (N. de la T.)

He visto que muchas brujas invocan y usan su intuición mágica cada día, ¡y sin darse cuenta! Siempre que reconocemos, sentimos y leemos la energía de una persona sin haber interactuado con ella, estamos usando el poder de nuestra intuición. Habrá quien diga que esta sensación es una forma de habilidad psíquica, pero lo que experimenta la persona media es una intensificación de su intuición. En *Brujería psíquica*, Mat Auryn describe la diferencia entre intuición y habilidad psíquica, donde la intuición es «el procesamiento inconsciente de información sensorial en el entorno que alcanza una conclusión particular» y la habilidad psíquica es «el procesamiento de la percepción extrasensorial que no depende de la información sensorial primaria sobre el entorno». Auryn prosigue diciendo que «la intuición se basa en los datos del entorno externo que podemos percibir, mientras que la habilidad psíquica no se basa en ellos».

¿Creación intuitiva de hechizos?

En lo que respecta a la creación de hechizos, se suele decir que una bruja principiante debe aprender a caminar antes de correr. En términos de complejidad, la creación intuitiva de hechizos puede parecer sencilla de aprender, pero requiere práctica para dominarla por completo. Muchos elementos influyen en este tipo de hechizos, como las estaciones (época del año), los acontecimientos celestiales, los cambios vitales, los poderes supremos, la intención, etc. Es importante explorar no solo lo que es la creación intuitiva de hechizos, ¡sino también cómo usarla para manifestarla al máximo en tu vida y durante todo el año!

La creación intuitiva de hechizos es justo lo que parece: consiste en usar la intuición para guiarte y crear rituales, hechizos y manifestaciones en tu vida y en la vida de las personas de tu alrededor. El poder especial de la bruja es la capacidad de manifestar, empleando solamente su mente, la magia y el poder del universo. Esto puede parecer un truco del *New Age*, algo demasiado bonito para ser verdad y que podríamos creer que nunca funcionaría en una persona normal, pero no lo es. Esta forma de brujería conectada requiere cierto nivel de confianza no solo en ti misma, sino también en tu práctica y en la comprensión que poseas de la magia.

La creación intuitiva de hechizos posee una cualidad sagrada, un misterio o un sacramento en la relación entre las brujas y las energías cósmicas del universo. Potenciar tu intuición para que te guíe en el camino sinuoso de tu práctica y brujería personal es hacer un pacto con los elementos de la naturaleza para que puedas invocarlos cuando estés trabajando en tu magia única y particular.

Hay energías donde residimos y trabajamos: espíritus, fuerzas flexibles tan cambiantes como el clima. Al trabajar con ellas, es necesario sintonizarse con sus necesidades y temperamentos especiales y ser conscientes de que lo que funciona hoy puede no funcionar mañana.

La intuición es un músculo

Al nacer, el universo nos proporciona a cada uno nuestro propio «gimnasio», por decirlo así. Este gimnasio no es un lugar físico ni, estrictamente hablando, espiritual; es un lugar donde la determinación planta las semillas del crecimiento espiritual futuro. Es decir, cada persona recibe las herramientas que necesitará para ponerse en forma espiritualmente hablando. Este regalo no supone ningún coste para nosotros, pero requiere dedicación y determinación. Algunas personas avanzarán más en su entrenamiento gracias a sus circunstancias vitales y a su grado de compromiso. Aquí no hay espacio para la condición humana de la envidia y la competición, ya que cada individuo progresa a su propio ritmo con independencia de cómo lo muestre.

Las preguntas más habituales que se plantean aquellas personas que empiezan en la brujería suelen resumirse en variaciones de la frase: «¿Lo estoy haciendo bien?». Esta pregunta puede adquirir muchas formas y extensiones diferentes: «¿Puedo usar esto?», «¿cuándo hago eso?», «¿y si…?». La lista sigue y sigue. Estas cuestiones suelen indicar que alguien avanza demasiado rápido por el camino de la brujería e intenta correr antes de aprender a caminar.

Las brujas no adquieren experiencia de la noche a la mañana, igual que no se convierten en profesionales leyendo un único libro. Las habilidades espirituales se parecen a un grupo de músculos especiales; no podemos ir al gimnasio, observar las máquinas, marcharnos y, de algún modo, ponernos en forma sin apenas tocarlas. Ocurre lo mismo con el crecimiento espiritual. Requiere tiempo y esfuerzo.

Para responder a algunas de las preguntas frecuentes que surgen cuando una bruja empieza a trabajar con su intuición es necesario aprender primero a distinguir las voces de la preocupación, el ego y la intuición. Al empezar, puede ser difícil diferenciarlas. Tienes que aprender a oír de verdad las voces de tu intuición interna. Cuando comencé a trabajar en un centro de llamadas de emergencia, por ejemplo, me asombró cómo todo el mundo sabía distinguir las emergencias auténticas de algo que no lo era solo por el tono de voz de quien llamaba. Con el tiempo, yo también pude diferenciarlas sin ni siquiera pensarlo. Este nivel de comprensión inconsciente no ocurrió de la noche a la mañana y puede que a ti tampoco te pase.

Instinto versus intuición

Instinto e intuición pueden parecer similares, pero hay diferencias importantes, sobre todo en el ámbito del conocimiento consciente y la razón. El instinto es una reacción biológica a los estímulos externos; los animales nacen con él para poder sobrevivir. Algunos ejemplos de instinto podrían ser el miedo general a las alturas, a los lugares oscuros o a las aguas profundas. Procedemos con una precaución instintiva ante estas situaciones. El instinto parece y se siente como un deseo impulsivo, una reacción automática a algo que ocurre a nuestro alrededor.

La intuición, por otra parte, es más compleja. La intuición es la adquisición de conocimiento real sin pensar o razonar de modo consciente. No suele aparecer en forma de impulso, sino que se siente en general como una brisa vespertina que fluye por nuestras vidas sin ningún esfuerzo. El flujo de la intuición siempre está presente, listo para que conectes con él y lo explores.

Encuentra tu intuición

La mejor forma de trabajar con tu intuición es ponerte a ello, ensuciarte las manos y sentirte cómoda con el proceso. Al principio puede parecer raro, pero no permitas que esa impresión se interponga a la hora de tomar medidas para llevar una vida vinculada a la intuición. Encuéntrate con tu intuición a mitad de camino: está esperando a que estés lista para tomar esos primeros pasos hacia lo desconocido. Cuando me siento un poco desvinculada de mi intuición, uno de mis métodos favoritos para recuperar ese vínculo es a través de un sencillo ritual para conectar con la tierra, como el que aparecea continuación. A medida que progreses en tu práctica, crearás tus propios rituales para el desarrollo de la intuición.

RITUAL DE CONEXIÓN CON LA TIERRA PARA DESPERTAR LA INTUICIÓN

Lo primero que debes hacer es preparar tu cuerpo y tu mente, no solo tu espíritu. Dedica un tiempo a darte un baño relajante, a dar un paseo al aire libre, a cocinar una buena comida o a hacer cualquier otra actividad calmante y solitaria. ¡Ponle intención a la actividad que elijas! Una vez te sientas en un lugar físico, mental y espiritual de relativa paz y tranquilidad, es el momento de encontrarte contigo misma y tu intuición.

Para empezar, ve a un lugar tranquilo donde te sientas en paz. Puede ser una habitación de tu casa, una colina o una montaña, una playa o cualquier sitio donde te sientas cómoda y no te vayan a molestar. Siéntate con la espalda recta, las rodillas flexionadas y los pies en el suelo. Cierra los ojos y respira hondo. Al exhalar, libera el alboroto de tu mente con la respiración. Repítelo varias veces.

Cuando consigas calmar tu mente, piensa en una decisión o una situación a la que te enfrentarás pronto. Visualiza ese hecho y escucha las voces que te hablan. ¿Qué dicen? Intenta ver si hay diferencias en el tono o la calidad de esos pensamientos.

Filtra primero las voces con más energía y más agudas. Por ejemplo, si vas a empezar pronto un nuevo trabajo, estos pensamientos sonarán así: «Me pregunto cómo serán mis nuevos compañeros de trabajo. ¿Se me dará bien? ¿Y si no congenio con mis superiores?». Respira hondo y expulsa todos los pensamientos inquietos y nerviosos. Esas voces no son tu intuición y están más relacionadas con el ego.

Fíjate en los pensamientos y las voces que quedan. Aquí es cuando puedes empezar a percibir las diferencias entre instinto e intuición. Recuerda que la intuición fluye a través de ti como un río manso; avanza con calma, pues sabe que discurre hacia abajo y llegará a su destino cuando tenga que llegar. No hay prisa ni ningún impulso para moverse más rápido o cambiar el curso. Es el momento de permitir que las voces de tu instinto también se marchen.

Lo que te queda es la sólida convicción de la intuición. Escucha esa voz y aprende a distinguirla. Pasa todo el tiempo que puedas en ese lugar, sentada y reconociendo la profunda sabiduría que el universo comparte con nosotros. En cuanto aprendas a escucharla, tu intuición será la luz pacífica que te guiará por los mares turbulentos.

Intuición práctica

Cuanto más te acostumbres a conectar con tu intuición a lo largo del día y en todo tipo de situaciones, más reflejo se volverá el acto de escucharla. Sin embargo, hasta para la persona con más experiencia es normal tener dudas de vez en cuando. El uso práctico de la intuición es vital para todas las brujas y resulta muy relevante en los rituales y los hechizos, en la selección de materiales, herramientas e ingredientes. Así pues, ¿qué es la intuición práctica? Me gusta pensar que es un compromiso entre lo lógico y lo oculto. Por ejemplo, cuando elegimos los ingredientes para un hechizo de forma intuitiva, la intuición práctica hará que nos fijemos en que quizá no deberíamos incluir cosas como esencia de rosa en un hechizo para cortar lazos con antiguos amantes, sino que podríamos cortar un cordón. En este sentido, estamos usando la razón práctica y lógica al mismo tiempo que la intuición para conseguir los mejores resultados.

En mi opinión, la práctica de hechizos (sobre todo la ciencia intuitiva) es muy parecida a la ciencia. Si examinamos de nuevo la teoría de que la intuición es el resultado de la manera que tiene nuestro cerebro de almacenar, procesar y recuperar información a un nivel subconsciente, entonces trabajar con hechizos se convierte en algo práctico, cuantificable y tangible. Cuando practiques esta habilidad, documenta lo que vas a hacer y lo que usarás y luego toma nota de la experiencia. Revisa estas notas una semana y un mes más tarde para analizar el hechizo, para ver si surtió efecto y si hubo algo que podrías haber hecho de otro modo. Al documentar y revisar tu magia con este método, estás enseñando a tu intuición futura a tomar mejores decisiones a partir de tu experiencia y tus errores. ¡Este proceso es muy parecido al método científico!

Uno de mis primeros errores cuando empecé a practicar hechizos fue centrarme demasiado en hacer las cosas «de la forma correcta». Esto me llevó a poner demasiado énfasis en cosas que en realidad no importaban y que no me ayudaban a progresar. Ojalá alguien me hubiera dicho en esa época que no debía preocuparme por lo que decía otra persona o lo que aparecía en internet. En vez de esto, usa las herramientas y las palabras que resulten adecuadas para ti. Solo porque algo le fue bien a una persona no significa que otra cosa diferente no te vaya a funcionar mejor a ti. Cuanta más atención prestes a lo que te dicta la intuición, ¡más cosas manifestará el mundo ante tus ojos!

2

CICLOS, ESTACIONES, MUERTE Y RENACIMIENTO

«El nacimiento es doloroso y maravilloso. La muerte es dolorosa y maravillosa. Todo lo que acaba también es el comienzo de algo nuevo. El dolor no es un castigo, el placer no es una recompensa».

—Poema Chödrön

Para la mayoría de gente, la comodidad es un acto reflejo; hay aire acondicionado en verano y calefacción en invierno. Se venden frutas y verduras de todo tipo durante todo el año, tanto si están de temporada como si no. En el fondo, los seres humanos son criaturas cómodas que siempre buscan la seguridad emocional y física. Disfrutamos y prosperamos en la seguridad que creamos para nosotros en los espacios interiores. Nos volvemos insensibles a los elementos del mundo natural. Para las brujas, es esencial fluir con la energía de la tierra y de sus ciclos naturales, pero dado el estilo de vida actual y el valor que le otorgamos al confort, esto puede ser sorprendentemente difícil. En resumidas cuentas, la comodidad nos desconecta.

Crecer implica sentirse incómodas a medida que expandimos los confines de nuestro caparazón actual. Vivir con confort es un acto de equilibrio y, si no lo controlamos, puede volverse en contra de la intuición. Cuanto más cómodas estemos, menos probable será que salgamos de forma consciente de esa comodidad. En la vida moderna, esto causa problemas con nuestra habilidad natural como seres humanos de establecer una relación íntima con la energía cambiante de las estaciones y trabajar con ellas (y no contra ellas) en la brujería. Como brujas, conectamos tanto con el mundo físico como con el espiritual y restablecemos esa relación como seres humanos con los ciclos naturales de la tierra y su energía.

Ciclos humanos

Una de las mejores lecciones vitales a la hora de centrarnos en esta teoría ocurre en clase de arte. Cuando los jóvenes estudiantes empiezan a aprender sobre perspectiva, descubren que dos personas que observan el mismo objeto desde distintos ángulos verán dos objetos un poco (o muy) diferentes. Esta sensación nos es ajena e incluso incómoda. ¿Cómo pueden ver dos personas el mismo objeto, en el mismo espacio, al mismo tiempo, y percibir de formas muy distintas lo que está ocurriendo? De niña, siempre me sentía como si todo el mundo en la habitación tramara una broma compleja dedicada a mí.

Es gracias a lecciones como esta que empezamos a conformar nuestros ciclos personales y las estaciones de nuestras vidas. Otros factores como el trauma, las relaciones íntimas, la cultura popular, la educación, la carrera profesional o el ocio juegan un papel importante en la formación de las estaciones y ciclos fundamentales a la hora de movernos por la vida.

Gran parte de las cosas —si no todas— que vivimos en el mundo físico poseen una naturaleza cíclica: el modo en el que actuamos y reaccionamos, cómo establecemos y rompemos relaciones, los trabajos y la economía en general. Como se suele decir: cuando una puerta se cierra, otra se abre. En el plano físico que experimentamos todos los días, a menudo nos estancamos y buscamos algo que dé vidilla a las cosas. Sin embargo, el mundo espiritual es diferente. Allí podemos elegir con más facilidad romper un ciclo o quedarnos entre sus límites; solo tenemos que fijar nuestra intención en hacerlo.

Los seres humanos tienen dos formas esenciales de crear sus propios ciclos: de un modo solitario y singular (ciclos que afectan directamente al día a día) y de un modo social (movimientos políticos, crecimiento y recesión económica, etc.). Es posible emplear la brujería para crear un cambio local, nacional o global, y libros como *Revolutionary Witchcraft*, de Sarah Lyons, y *Witchcraft Activism*, de David Salisbury, son recursos perfectos para ese trabajo social. Sin embargo, como nos estamos centrando en personalizar la rueda del año para adaptarla a nuestras necesidades particulares, en este libro daremos prioridad a los ciclos individuales.

Ciclos hormonales

Nuestros ciclos individuales no son solo psicológicos, sino también fisiológicos y espirituales. Uno de los factores más importantes que actúa sobre el cuerpo humano en términos de salud y de ánimo es el ciclo hormonal. Por ejemplo, a través de la magia, las mujeres son capaces de conectar con sus ciclos de fertilidad y extraer poder con el flujo de energía que se produce durante la menstruación. Mi experiencia personal tomando y dejando anticonceptivos me ha enseñado mucho sobre el ciclo natural del poder femenino y sobre cómo trabajar con el flujo de mis ciclos naturales y no contra ellos.

Hace un año me diagnosticaron un tipo de migraña que me obligó a dejar de tomar anticonceptivos. Observé que mi cuerpo entró en un estado que solo puedo describir como una conmoción total. Estaba tan acostumbrado a tomar una pastilla con hormonas que, al parecer, había olvidado su propio ciclo natural. Mi médico me aseguró un millón de veces que eso no era lo que ocurría, que los anticonceptivos no alteran de forma permanente el ritmo del cuerpo. Pero lo cierto es que no estoy tan segura. Reflexioné sobre por qué empecé a tomar la píldora y los beneficios que me había dado. La tomé por primera vez con dieciséis años porque podía. Estaba bien de salud, no sabía nada del síndrome de ovario poliquístico ni de migraña y solo quería mejorar mi piel. Estaba tan dispuesta a cambiar el poder y la santidad de mi menstruación por la comodidad de tener la piel bonita que durante más de una década tomé unas pastillas que atrofiaron mi magia natural.

No haría falta decirlo, ¡pero los hombres también tienen ciclos hormonales! Aunque no sangren, pueden aprovechar ese momento del mes para conectar con los niveles más profundos de la magia. Muchos investigadores médicos coinciden en que los niveles de testosterona y estrógenos en los hombres fluyen en ciclos similares a los de las mujeres y estos pueden afectar al ánimo, la libido, la energía, el apetito y la salud mental.

Aparte de las hormonas, todos experimentamos ciclos físicos como dormir, comer y otros ritmos circadianos. Circula por ahí la idea de que el cuerpo renueva todas las células al cabo de siete o diez años. Esto, en principio, es falso. Las neuronas no se regeneran y nunca se reemplazan. Sin embargo, gran parte de nuestro cuerpo sí que se reemplaza y se regenera a sí mismo, así que también cuenta como ciclo.

Estaciones

Disfrutar del cambio de las estaciones es una de las mejores partes de estar vivo y poseer un cuerpo. Las estaciones de la tierra no solo dictan nuestra forma de vestir y las celebraciones, sino también lo que comemos, lo que hacemos en el trabajo y en el ocio y dónde vamos. Hay más estaciones aparte del otoño, el invierno, la primavera y el verano; también está la estación seca, la estación húmeda, la temporada de lluvias, el veranillo de San Martín, la temporada de tiburones y la lista sigue (esta última es solo para las brujas de Florida, pero en ciertos lugares habrá temporadas relevantes para animales concretos).

En otoño, experimentamos las etapas iniciales del decaimiento en la tierra viva. El clima se vuelve más frío y seco, las hojas caen de los árboles y los velos entre los mundos dejan de estar centrados. Es en esta época cuando la muerte cobra presencia en nuestra vida. El concepto de muerte puede parecer lejano, algo que no comprendemos, pero a través de las estaciones de otoño e invierno podemos empezar a entenderlo y familiarizarnos con él. El otoño da la bienvenida al ciclo de la muerte con los brazos abiertos.

En esta época hace calor, pero también refresca un poco y podemos prepararnos para la cosecha. Es cuando la luz empieza a debilitarse y oscurece antes; percibimos que el ciclo de la muerte alza la cabeza de nuevo. Sabemos que la energía del invierno aún no ha alcanzado su fuerza plena, pero sentimos que está muy cerca.

Los meses de otoño son un momento activo de crecimiento espiritual. El velo entre mundos es fino y permite a los espíritus caminar entre nosotras. Los dioses se manifiestan cada día y los ciclos de vida y muerte se representan en la naturaleza. Esta época del año es muy útil para trabajar la sombra y resolver traumas. Vamos a detenernos un momento aquí, porque creo que es importante resumir qué es la sombra y qué papel desempeña cuando trabajamos siguiendo las estaciones.

«La sombra» es un término que usó el psicólogo Carl Jung para describir las partes de nosotros que reprimimos en nuestra personalidad activa. Pensad en ellas como trapos sucios psicológicos. Jung escribe lo siguiente sobre este tema: «Por desgracia, no cabe duda de que el hombre es, en general, menos bueno de lo que se imagina o quiere ser. Todo el mundo carga una sombra y es más oscura y densa cuanto menos incorporada esté en la vida consciente del individuo. Si uno es consciente de una debilidad, siempre puede corregirla. Además, permanece en contacto constante con otros intereses, así que está sujeta a modificaciones continuas. Pero si la reprimimos y la aislamos de nuestra consciencia, nunca la corregiremos».

Cuando hablemos de la sombra en un sentido espiritual, vamos a regresar a estas ideas fundamentales que presentó Jung sobre examinarnos por completo y arrojar luz a esas partes que preferiríamos dejar en la oscuridad para traer equilibrio a nuestra psique en su conjunto. Trabajar en nuestra sombra es un proceso que dura toda la vida y consiste en esforzarse en ser mejor persona mientras nos reconciliamos con nuestros demonios.

Si observamos la rueda del año a un nivel superficial, veremos cuatro grandes estaciones: dos son «luz» y otras dos son «oscuridad». De una forma bastante literal, la energía de la tierra nos guía para trabajar y curarnos: ¡cada año nos da espacio para reevaluarnos y reinventarnos! En el otoño comienza la fracción de oscuridad, es decir, «el lado oscuro» del año, y es un buen momento para empezar con las manifestaciones de dinero a largo plazo, ya que es la estación hermana de la primavera, que sirve para las manifestaciones de dinero rápido o a corto plazo (piensa en el regreso del sol y el movimiento rápido del fuego). ¡Puedes plantar las semillas de un objetivo a largo plazo durante el otoño para ver los brotes y los frutos de tu trabajo en los meses de primavera y verano!

A medida que avanzamos hacia el invierno, encarnamos por completo la muerte en vida y el sueño. Solemos referirnos al sueño como la pequeña muerte, algo que encaja muy bien con la estación invernal. La tierra está en un estado latente y muchos de los dioses se han dormido, como si nos dejaran a nuestro aire para lidiar con la dura realidad del invierno. Estos dioses y diosas renacerán en primavera, pero durante los meses de invierno reinan la tristeza y el frío, ya que no contamos con su presencia para calentar los cielos.

El invierno trae consigo unos retos especiales, pero también podemos extraer mucha fuerza de él. Es una época para desarrollar la motivación personal y manifestar una fuerte voluntad en el próximo año. La feminidad divina adquiere su forma plena en los meses invernales y es más sencillo conectar con ella durante este periodo. Estos meses son una etapa de incubación entre la muerte del invierno y la vida de la primavera y están llenos de posibilidades. Las semillas que aguardan a echar raíces en la primavera solo lo pueden hacer tras superar su estado latente. La vida necesita descansar y el invierno le ofrece a la tierra la oportunidad de sumirse en el sueño reparador que tanto necesita para florecer en la primavera.

La primavera trae con ella los primeros rayos de una nueva vida, la alegría y la energía vital del sol. Es una época de renacimiento y de retorno a la armonía tras el caos del invierno. Con la primavera llegan tanto la lluvia y el sol como la nieve y el hielo, dependiendo del clima. Es una época mixta en la que el mundo de la muerte se encuentra con el mundo de la vida: la luz y la oscuridad, el yin y el yang. El sol perdura más en el cielo a medida que nos acercamos al solsticio de verano y la tierra empieza a despertar de su sueño.

La primavera es brillante y luminosa y trae con ella el júbilo del potencial. La magia también despierta del largo sueño del invierno y es aquí cuando empezamos a percibir las semillas de distintos tipos de manifestaciones. Es una época para la magia del amor y del dinero, igual que para la de la fertilidad y la amistad. Las flores y los nuevos brotes en la tierra nos recuerdan que debemos sentirnos agradecidos por nuestros amigos y familiares que han sobrevivido para ver la vida de un nuevo año.

El verano es la encarnación física de la vida. Es una época en la que el sol está en el punto más álgido y las energías del fuego, la sexualidad y la masculinidad divina cobran más fuerza. Todos los animales que nacieron en los meses primaverales están creciendo, igual que las plantas. Se crean tormentas en el Atlántico y el mundo, en general, es más cálido y prospera. El verano es la estación para cumplir planes y manifestaciones que empezaron a finales de invierno y durante la primavera.

Durante los meses más cálidos del año, descubrimos el fuego y la pasión para seguir manifestando nuestros objetivos y que se hagan realidad. Conectar con esta energía nos permite proseguir con nuestros propios ciclos personales y vivir lo mejor posible antes de que la palidez del otoño empiece a asentarse. El verano es una época para seguir adelante y también el mejor momento para conjurar maldiciones gracias al calor y a la insufrible humedad, las tormentas y las altas temperaturas. El verano también es una buena estación para trabajar en sacar a nuestra niña interior y conectar con esa energía creativa. No es la mejor época para trabajar en nuestros traumas, sino para encarnar la diversión y la energía desenfadada de una niña.

Ciclos climáticos

Con los años, a medida que me concentraba en trabajar con la energía de la rueda del año, he llegado a entender que los ciclos climáticos son quizá los que más influyen en ella. Según John Houghton, autor de *Global Warming: The Complete Briefing*, el clima se define simplemente como el tiempo promedio en una región concreta. El clima también describe las variaciones anuales de temperatura, precipitación, viento y otras variables climáticas, según Francisco J. Borrero et al., en *Glencoe Earth Science: Geology, the Environment and the Universe*. Según esta definición, el clima es lo que determina las estaciones en regiones concretas, pero no es lo único que hace. La forma en la que los seres humanos han reaccionado al cambio de las estaciones en sus climas es un factor que contribuye a la formación de muchas de las fiestas y celebraciones que rodean la rueda del año. En mi opinión, esto convierte al clima en uno de los ciclos más importantes (o incluso el que más) que debemos reconocer.

Creo que la variabilidad climática ha determinado no solo cómo los seres humanos han evolucionado, sino también dónde y cómo de rápido evolucionaron y desarrollaron tecnología para su comodidad y supervivencia. En la actualidad, seguimos enfrentándonos a problemas con el ciclo climático de un modo muy parecido a las personas que nos precedieron. Estos problemas no se limitan a los que reciben una influencia humana, sino que también incluyen la variabilidad natural, el ciclo del carbono, otros fenómenos naturales como El Niño y muchos otros factores. Estos ciclos variarán sin la influencia o la interferencia de los seres humanos, aunque sí que se ven afectados de un modo real y tangible por nuestras prácticas.

Cuando hablamos sobre el clima, hay unos cuantos tipos de eventos que ocurren a lo largo de los años, las décadas, los siglos y los milenios. En el periodo más corto, tenemos ciclos climáticos decenales que presenciamos con regularidad. Por ejemplo, El Niño o La Niña son fenómenos que se dan aproximadamente con una frecuencia de cada tres a siete años y afectan a las condiciones climatológicas de varias partes del mundo. El Niño se define como un patrón de la temperatura superficial del océano Pacífico en la costa de América del Sur que afecta de un modo significativo al clima mundial (Houghton, *Global Warming*, 335). Durante El Niño, en Estados Unidos suelen recibir aire cálido y seco en el noroeste que influye en el ciclo de los incendios, mientras que en el sudeste sufren fuertes lluvias por el cambio de las corrientes de aire.

Si observamos los ciclos desde una perspectiva más grande, hay ciclos climáticos que ocurren entre doscientos y mil quinientos años. Se cree que estos ciclos se ven afectados por los patrones circulatorios de los océanos. Hay pruebas históricas que ratifican estos patrones a una escala mayor; se conocen como el Periodo Cálido Medieval y la Pequeña Edad de Hielo. La Pequeña Edad de Hielo ocurrió entre el 1400 y 1900 d. C. Durante esta época, Europa fue mucho más fría que durante el Periodo Cálido Medieval, hecho que afectó no solo a las cosechas, sino también al crecimiento humano; fue, además, un factor determinante para la industrialización.

Por último, los ciclos climáticos más grandes ocurren a partir de los diez mil años hasta los cien mil. Se cree que empiezan por un cambio en la órbita de la Tierra alrededor del Sol, lo cual se conoce como los ciclos de Milankovitch. Según Christopher Campisano, profesor asociado en la School of Human Evolution and Social Change de la Arizona State University, los ciclos de Milankovich se refieren a la oscilación orbital natural de la Tierra e incluyen tres factores: la excentricidad, la oblicuidad y la precesión (Campisano, «Milankovitch Cycles, Paleoclimatic Change y Hominin Evolution»[2]). Según esta teoría, hay

---

2   Campisano, «Ciclos de Milankovitch, cambio paleoclimático y evolución homínida». (N. de la T.)

La Rueda del Año

tres componentes principales que se combinan para afectar la cantidad de calor en la superficie de la Tierra, lo que, por consiguiente, influye en distintas pautas climáticas.

El primer factor es la excentricidad natural de la Tierra, que se refiere al camino elíptico de su órbita alrededor del Sol. El segundo es la inclinación axial, también conocida como oblicuidad. La Tierra gira constantemente sobre su propio eje, lo que proporciona al planeta el día y la noche. Este eje no permanece erguido, sino que se inclina en ángulos de entre 22° y 24°. El último es la precesión, que en esencia es un bamboleo producido por la gravedad. Uno de estos ciclos de precesión comprende unos 26.000 años y está causado por las fuerzas creadas por el Sol y la Luna.

Algunos científicos creen que, debido a los ciclos de Milankovitch, la teoría del calentamiento global es en realidad una serie de eventos que ocurren cada pocos milenios y que no se pueden evitar. Esta tesis postula que, a causa de estos factores de excentricidad, inclinación axial y precesión, los seres humanos no influyen demasiado en el ciclo actual por el que pasa ahora mismo la Tierra.

Ciclos astrológicos

Me parece lógico incluir los ciclos astrológicos justo después de los climáticos por diversos motivos. Para empezar, en términos básicos de ciencias de la Tierra, tanto la Luna como el Sol tienen efectos diarios en la Tierra que podemos percibir con nuestros propios ojos. El Sol calienta la Tierra, la arrastra en su camino, mientras que la Luna mueve las mareas. Los ciclos astrológicos son complejos y abundantes y afectan a nuestro día a día de muchos modos distintos. También se conocen como ciclos sinódicos, es decir, todas las interacciones que se dan entre un planeta y otro.

Cada planeta posee su propio ciclo específico dado su periodo orbital y lapso alrededor de la Tierra. La Luna es la que tiene el ciclo más rápido, pues tarda 27,5 días en atravesar los doce signos, mientras que Plutón tarda 248 años en recorrer esos mismos signos. Además, la Luna tiene otros ciclos observables que influyen en la Tierra, como son sus fases: la transición de la luna nueva hasta la luna llena y vuelta a empezar.

El Sol, Mercurio y Venus tardan unos 365 días en recorrer la rueda. Eso significa que se mueven un grado al día a lo largo del cambio de las estaciones. Marte tarda un poco más, unos veintidós meses en atravesar cada signo. Júpiter tarda unos doce años, Saturno unos veintiocho, Urano ochenta y cuatro y Neptuno ciento sesenta y cinco. Plutón es el que más tarda con, como hemos dicho, doscientos cuarenta y ocho años.

En su libro *Astrología para la vida real*, Theresa Reed agrupa estos planetas por las notorias duraciones de sus ciclos. Escribe lo siguiente:

> Hay tres grupos distintos: los planetas personales, los planetas sociales y los planetas externos.
>
> *Los* **planetas personales** *[el Sol, la Luna, Mercurio, Venus y Marte] se mueven con rapidez por el cielo y se cree que influyen en nuestra personalidad, así como en la forma en la que interactuamos con otras personas [...].*
>
> *Los* **planetas sociales** *[Júpiter y Saturno] simbolizan las formas en las que te mueves por el mundo que te rodea, además de los aspectos sociales de tu vida. Estos [...] se mueven por el cosmos a un ritmo más lento, por lo que su impacto tiene una influencia más amplia que los planetas personales.*
>
> *Los* **planetas externos** *[Urano, Neptuno y Plutón] son los pesos pesados y lentos del cosmos. Representan lo que ocurre en el mundo o en la sociedad.*

Si observamos las duraciones de las órbitas y las relacionamos con los grupos planetarios, podemos hacer una conexión real entre los ciclos, los elementos (hablaremos de esto más adelante) y la energía en la rueda del año.

Los signos astrológicos del año

En astrología, es bien sabido que hay doce signos que forman un ciclo de un año:

Aries	21 de marzo – 19 de abril
Tauro	20 de abril – 20 de mayo
Géminis	21 de mayo – 20 de junio
Cáncer	21 de junio – 22 de julio
Leo	23 de julio – 22 de agosto
Virgo	23 de agosto – 22 de septiembre
Libra	23 de septiembre – 22 de octubre
Escorpio	23 de octubre – 21 de noviembre
Sagitario	22 de noviembre – 21 de diciembre
Capricornio	22 de diciembre – 19 de enero
Acuario	20 de enero – 18 de febrero
Piscis	19 de febrero – 20 de marzo

Además, cada estación astrológica tiene un planeta (o planetas) que predomina sobre ella ¡y le aporta un toque único!

Sol	Leo
Luna	Cáncer
Mercurio	Géminis, Virgo
Venus	Tauro, Libra
Marte	Aries
Júpiter	Sagitario
Saturno	Capricornio
Urano	Acuario
Neptuno	Piscis

Puesto así, ¡es más fácil ver la relación entre los ciclos sinódicos y la astrología cotidiana!

Estas órbitas son los ciclos generales de los planetas y sus respectivos signos, pero no son los únicos tipos de patrones que impactan la Tierra de un modo astrológico. Otros ciclos importantes son los retrógrados. Un retrógrado ocurre cuando la Tierra pasa junto a un planeta u otro planeta pasa junto a ella. Esto crea una ilusión, como un movimiento hacia atrás, ya que los planetas giran en torno al Sol en la misma dirección pero a diferente velocidad. Cada planeta mantiene su propio ciclo retrógrado. El más rápido es el de Mercurio, que solo dura unos veintiún días. El más largo es el de Neptuno, que dura cerca de ciento cincuenta y ocho días.

Todo lo bueno se acaba

GEl filósofo alemán Arthur Schopenhauer nos recuerda lo siguiente: «Cada día es una pequeña vida: cada despertar y levantarse es un pequeño nacimiento; cada fresca mañana es una pequeña juventud; cada acostarse y dormir, una pequeña muerte». La muerte es el único ciclo que lo empieza y lo acaba todo. La muerte es una compañera constante en los ciclos de nuestra vida en la naturaleza y camina en silencio con nosotras a lo largo de todos los deleites de la vida.

El ciclo de la muerte comienza antes del nacimiento, ya que atravesamos la muerte hacia la luz de una nueva vida. Según lo que creas que ocurre antes y después de la vida, esto conformará tu opinión sobre el ciclo inicial de la muerte. No hay un canon en brujería: algunas brujas son ateas y creen que no ocurre nada, mientras que otras creen en la reencarnación o en lugares tipo el cielo o el infierno. Personalmente, creo en la reencarnación, de ahí que, tras la muerte, llegue la vida. La muerte es un estado latente; esto se puede observar en semillas que no poseen una vida cuantificable cuando las plantas en el suelo y, aun así, se convierten en plantas y flores hermosas al cabo de un tiempo. A partir de la oscuridad de la muerte, llega la luz de la vida.

Reconocer y hacer las paces con los ciclos de la vida y la muerte es un paso importante en el camino espiritual de la bruja moderna. No podemos evitar la muerte y no es tan terrorífica como nos hace entender nuestra limitada comprensión. Los seres humanos suelen tener miedo a lo desconocido y la muerte es algo que no conocemos. No la recordamos después de nacer; la luz del día borra el conocimiento de la oscuridad que nuestras almas conocían de antes. Sin embargo, todas las personas venimos de la muerte y todas regresamos a ella.

3

MAGiA ELEMEN̄TAL

«Se mueve rápido como el viento y en formación cerrada como el bosque.
Ataca como el fuego y permanece inmóvil como la montaña».

—Sun Tzu, *El arte de la guerra*

¿Qué es la magia elemental y por qué es relevante para la brujería intuitiva? En pocas palabras, la magia elemental funciona e invoca los elementos para manifestar unos resultados y objetivos concretos. Todas las personas percibimos los elementos a lo largo del día. Podemos salir fuera por la mañana y notar una brisa, ir a dar un paseo y sentir el calor del sol en nuestra piel. Podemos regar las plantas o elegir compostar/reciclar. Todas estas experiencias son formas sencillas de percibir (y a veces dar por sentado) los elementos, y a menudo sin darnos cuenta.

Hay cuatro elementos en el nivel más básico: fuego, tierra, agua y aire. Pero los paganos sabemos que hay un quinto elemento: espíritu. Un individuo promedio no puede interactuar, ver o sentir físicamente el espíritu, pero eso no significa que no exista. Yo no trabajo con este elemento, pero que no lo haga no implica que no sea algo a tener en cuenta y ser conscientes de él.

Sería descuidado por mi parte hablar de los elementos sin mencionar un poco la alquimia. En *The Dark Arts*, Richard Cavendish escribe lo siguiente: «En el ocultismo moderno, los cuatro elementos son cuatro estados en los que puede existir la energía. El fuego es la electricidad, el aire es el estado gaseoso, el agua el estado líquido y la tierra el estado sólido. Todas las cosas existen en uno u otro de estos estados o en una mezcla de ellos, y un estado se puede transformar en otro».

En nuestras vidas cotidianas, percibimos gran parte de las cosas y las relacionamos con un elemento primario (pensad en las plantas como tierra), pero nada en el plano físico está hecho de un único elemento. Sin agua y tierra, no tendríamos plantas; sin tierra y fuego, no tendríamos cristales y gemas; sin aire, no tendríamos fuego. Los elementos se aportan fuerza entre sí y, al hacerlo, también nos aportan la energía de sus fuerzas. Examinemos con más profundidad cada uno de los cinco elementos.

Fuego

El fuego es un elemento potente de vida, amor y pasión. Se asocia a menudo con el Sol y gobierna sobre aspectos como el deseo, la intuición, el intelecto y la manifestación. Por otro lado, el fuego puede ser tan destructivo como creativo. Es un elemento que requiere paciencia y cuidado, porque, si se descontrola, posee el potencial de destruir todo a su alrededor. Al dominar la parte sur de la brújula de la vida, el elemento del fuego se relaciona estrechamente con nuestra personalidad más extrovertida (pensad en el signo del sol en astrología).

El fuego se puede invocar de muchas maneras. La más obvia es con una llama literal, en forma de vela, cerilla, hoguera o incluso como una llama electrónica. Además, hay modos de invocar este elemento que no requieren ninguna compra o herramienta. El Sol es un buen método para invocar el fuego. La pasión del sexo también se puede emplear para invocar cada elemento de forma separada, pero sobre todo los elementos de fuego y tierra.

Tierra

La tierra es el elemento más potente para la estabilidad. Es versátil, tiene fuerza tanto en el crecimiento como en la muerte y está presente en diversos ciclos de la vida. A diferencia del fuego, la tierra se presenta de muchas maneras, en forma de bosques, desiertos, montañas, playas y planicies que benefician y aportan diversidad a este elemento de un modo mágico.

Uno de los factores únicos de la tierra es que puede existir de forma independiente a los otros elementos y también puede coexistir exclusivamente con cada uno de ellos. Agua, fuego y aire poseen maneras especiales de alterar y cambiar literalmente el estado físico y la composición del elemento tierra, lo cual resulta en energía y elementos vinculados mediante magia. Cuando trabajamos con la tierra, es importante recordar que puede ser tan destructiva como estable. Los terremotos y las erupciones volcánicas son ejemplos de cómo se puede alterar de forma drástica la estabilidad al añadir otros elementos, presión y tensión durante largos periodos de tiempo.

La tierra se asocia con la dirección cardinal del norte. Aunque no existe una correspondencia tradicional, a mí me gusta asociar la Luna con el elemento de la tierra. La Luna es una extensión de la vida en la Tierra, pues crea los flujos de las mareas y los ciclos. La atracción gravitatoria de la Tierra la guía y, a cambio, nos ofrece movimiento a través de otros elementos que proporcionan vida a nuestro planeta.

Invocar el elemento de la tierra es tan sencillo como salir al aire libre y tomar la decisión consciente de formar parte de la tierra. Pasear por el exterior, ya sea lloviendo, con calor, nieve, sol o de noche, es una buena forma de experimentar la energía de la tierra. Otras formas de conectar con ella son mediante la jardinería, el compostaje, trabajar con animales y cocinar. Una de las mejores formas de sentir la tierra es dedicar tiempo a acercarse a un árbol, apoyar la mano en él, cerrar los ojos y respirar hondo. Con esta sencilla práctica, las brujas pueden conectar con la energía fundamental de la tierra y sentir cómo les quita montañas de peso de sus cuerpos y espíritus.

También se puede invocar a través de la cocina mágica. Cocinar con verduras, frutas y raíces trae el elemento de la tierra a nuestras cocinas y a nuestros cuerpos físicos y les proporciona nutrientes y energía vital. Si vives en una zona urbana o en un piso, la cocina mágica es una de las formas más sencillas de dar la bienvenida e invocar a la tierra.

Agua

No dejes que el agua pase de largo: es más fuerte de lo que crees. El agua es el elemento de la fuente que sustenta la vida. Ninguna planta ni animal puede sobrevivir sin ella, lo que la convierte en el elemento más importante que existe (¡brujas acuáticas, alegraos!). Lo que hace que el agua sea única y, sobre todo, versátil es que puede existir en estado sólido, líquido o gaseoso. Puede aparecer como río, niebla, vapor o hielo. Puede presentarse como nieve, granizo, aguanieve o lluvia. El agua no solo nos purifica, sino que también nos cura y sustenta la fuerza vital más que cualquier otro elemento.

Al igual que el resto de elementos, tiene el poder de destruir. Sin embargo, a diferencia de los incendios o los terremotos, el agua nos inunda de un modo imposible para los otros tres. Cuando se combina con el aire, el agua puede crear huracanes y tormentas de proporciones enormes. Solo hay que pensar en el huracán Katrina o Sandy para recordar el daño que puede infligir el agua.

Aunque se suele decir que está más relacionada con la Luna (dado el efecto que tiene sobre las mareas), creo que el agua se relaciona más con Neptuno, un gigante hecho de hielo y gas compuesto de materiales fluidos «helados» como el agua. Neptuno gobierna sobre Piscis y se asocia con la intuición y la iluminación espiritual. El elemento del agua también se relaciona con el oeste en la brújula de la vida.

Hay muchas formas de invocar el elemento del agua en tu vida cotidiana. Una de las más sencillas es beber agua con intención, dando la bienvenida a sus propiedades curativas. Todas las personas nos duchamos, nadamos y nos lavamos los dientes con agua. Cocinamos con agua y se la damos a nuestras plantas y animales para que los sustente. ¡Y también podemos invocar este elemento conectando con masas de agua naturales! Para ponernos en contacto con la tierra y el agua, podemos ir a sitios como playas, lagos o ríos. Si vives en algún lugar donde es un poco complicado encontrar estos elementos, siempre puedes recurrir a las piscinas artificiales o a las fuentes de agua.

Aire

El aire es versátil, un elemento de movimiento como el agua. Siempre está presente a nuestro alrededor en la tierra, pero no lo notamos a menos que escasee o que nos incomode. Aquellas personas que viven en climas más fríos pueden experimentar el aire físicamente mientras hablan a la intemperie durante el invierno. Es frecuente quedarse sin aliento haciendo senderismo por las montañas. En momentos como este, la gente suele decir: «me falta el aire».

Me gusta pensar que el aire es especial por sus poderes transformativos de dar vida (y de arrebatarla). Por ejemplo, el fuego sin aire se extingue. El aire es vital para que la vida prospere, sobre todo en la tierra. Es un recurso sagrado, algo que inhalamos en nuestros cuerpos de forma instintiva para que nos sustente. Una persona puede vivir sin agua o comida durante unos días, pero unos minutos sin aire extinguen la vida que antes sustentaba. Así, el aire se asocia con el este y los dioses en general. Además, cualquiera de los planetas gigantes gaseosos se puede relacionar con el elemento del aire.

La forma más sencilla de invocar a este elemento es a través de la meditación. Cuando meditamos, nos centramos en la respiración, por lo que inhalamos y exhalamos aire en nuestros cuerpos físicos y nuestros espíritus. Otras formas de experimentar este elemento incluyen caminar al aire libre durante un día con mucho viento, encender el aire acondicionado si vives en un lugar caluroso o incluso salir fuera en un día muy caluroso y húmedo. Esto puede parecer contraintuitivo, pues has decidido sentirte incómoda adrede, ¡pero percibir la tierra y los elementos sin la brisa ayuda a resaltar lo importante que es el viento!

Espíritu

Por último, pero no por ello menos importante, está el elemento del espíritu. El espíritu ocupa cada esencia de nuestro ser. Aprendemos a relacionarnos con el mundo a través del espíritu y, una vez terminamos con el mundo en esta forma, regresamos a él. El espíritu no se puede obtener ni cuantificar de ninguna forma específica. Eso no significa que no exista, solo que no somos conscientes de él.

El espíritu abarca la feminidad divina, la masculinidad divina y otras energías divinas. Es decir, es un elemento neutro desde el punto de vista del género. El espíritu es todo y nada a la vez y forma parte de todo lo que ha sido, todo lo que será y todo lo que nunca será. Invocar al espíritu es invocar la esencia del ser y esta esencia no se puede contener.

El elemento del espíritu se simboliza mediante la punta más elevada de un pentáculo o la punta más baja de un pentagrama y se dice que nos simboliza a nosotros mismos. Existe mucha información contradictoria sobre la diferencia entre el pentagrama, ✰ o ✩, y el pentáculo, ⊕ . Esto es porque cada tradición los usa de un modo ligeramente distinto. Hay quien utiliza cualquiera de las dos palabras para referirse al mismo símbolo, sin importar si está del derecho o del revés, mientras que otros usan *pentáculo* para referirse a la estrella de cinco puntas rodeada de un círculo y *pentagrama* para referirse a la estrella de cinco puntas invertida.

En *The Essential Golden Dawn*, Chic y Sandra Cicero definen los pentáculos como «uno de los cuatro palos del tarot atribuidos al elemento de la tierra y del mundo cabalístico de Assiah. Un pentáculo es un diagrama mágico, en general redondo, plasmado sobre un pergamino, metal u otro material con el objetivo de crear un talismán. También es una de las herramientas esenciales de un mago de la Aurora Dorada».

Prosiguen definiendo el pentagrama como «una figura geométrica basada en el pentáculo, que tiene cinco líneas y cinco "puntos". Entre las figuras que se basan en el pentáculo están el pentagrama y el pentágono. El pentagrama, o estrella de cinco puntas, se atribuye a los cinco elementos del fuego, el agua, el aire, la tierra y el espíritu. A veces se denomina "estrella radiante", "pie de mago", la "estrella de los magos" y la "estrella del microcosmos". También se denomina pentalfa porque se puede construir a partir de cinco letras alfas griegas».

El espíritu está presente en todos los elementos y fortalece todo lo que toca. Es incuantificable y excitante porque es misterioso. El espíritu como elemento se invoca a través de todo lo que hacemos. Vivir con intención, la intuición, la práctica espiritual, la meditación y la oración son las formas más comunes de invocarlo. No solo los practicantes paganos o los espiritualistas del *New Age* invocan al espíritu, sino que también lo hacen en todas y cada una de las religiones y prácticas místicas de este planeta.

El espíritu acude a nosotros a un nivel que nos permite comprenderlo. La forma en la que una persona lo perciba y lo entienda será muy diferente a como lo vea otra. Dios se reúne con nosotros a nuestro nivel, lo que significa que el espíritu también lo hace. Comprendemos y crecemos a nuestro ritmo, con el espíritu como guía. Dedica un tiempo a sentarte a solas y meditar. Descubrirás que tu espíritu te acompaña y que eres capaz de escuchar su sabiduría.

Invocar a los elementos

Cada una de las cuatro estaciones básicas tiene un elemento principal al que se puede recurrir para que nos ayude en los hechizos. Cuando llamamos a los elementos, podemos usar el poder de las estaciones para evocar una energía particular. Conectar las estaciones con los elementos me parece un concepto muy guay y me ha permitido alcanzar una relación más profunda con el mundo natural en cada estación. Si pensamos en el pentagrama y los elementos de fuego, agua, tierra, aire y espíritu, podemos empezar a unir las estaciones con sus respectivos elementos.

La primavera representa el elemento del aire. Inspira frescura y trae nueva vida; si sales fuera, puedes notar la brisa en la piel de un modo que resultaría incómodo en casi cualquier otra estación. A lo largo de la historia, la gente ha descrito la primavera como «luminosa y aireada». Cuando invocamos al elemento del aire y la primavera, usamos velas blancas, azul cielo, rosa claro y amarillo claro.

El verano está lleno de calor ardiente y representa el elemento del fuego. El sol es cálido y calienta la tierra. Si pasaras mucho tiempo al sol en verano, hasta podrías sufrir una quemadura física. Usa velas rojas, naranjas, marrones, blancas, doradas y de un amarillo intenso para invocar al elemento del fuego y al verano.

El otoño es mi estación favorita y trae con él la comodidad, la estabilidad y la paz. Representa el elemento de la tierra. Es el final del año de la bruja, una época para conectar con la tierra, para relajarse y reflexionar sobre nuestro año. Usa velas verdes, moradas, marrones, grises, negras, amarillas y naranja oscuro para invocar al elemento de la tierra y al otoño.

El invierno es tanto la muerte del año anterior como el inicio de uno nuevo. El invierno representa el elemento del agua en muchos lugares que reciben nieve. En climas más cálidos, el agua se convierte en una fuente de alegría, pues el sol no está presente y el agua nutre los jardines y los ríos. Para invocar al elemento del agua y al invierno, usa velas plateadas, grises, blancas, azules, moradas, rojas, negras, verdes o de un azul claro.

Y, por último, está el elemento del espíritu. Creo que el espíritu encaja con todas las estaciones y llena los huecos entre las transiciones para proporcionar una presencia estable y una base para que cada estación tenga su momento. El espíritu es omnipresente y se puede invocar en cualquier momento que requiera un chute de fuerza. A mí me gusta usar velas blancas para invocar al espíritu en primavera y verano, y negras en otoño e invierno. Lo hago porque esto refleja el viaje del espíritu humano a través de la mitad oscura y la mitad luminosa del año y nos recuerda en qué deberían trabajar nuestras mentes.

4

PASTORES DE LA TIERRA

«Los padres no dan el mundo, sino que lo toman prestado de sus hijos».

—Wendell Berry, *The Unforeseen Wilderness*

En un principio, escribí este capítulo antes de la aparición de lo que ahora conocemos como SARS-CoV-2, alias COVID-19. Creo que es importante señalar este hecho porque, como consecuencia de este nuevo elemento, la forma en la que funciona el mundo y mis opiniones han cambiado de un modo significativo. Ante el pánico global, el estado real del mundo y su miseria fueron evidentes. Mientras escribo esto, en la primavera de 2020, el mundo se ha detenido. No se ha visto nada igual en la historia moderna (pues todo el globo se ha paralizado literalmente) y no sé si volveremos a ver algo así. Es demasiado pronto para decir cómo será el resultado de todos estos cambios, si positivo o negativo, pero no cabe duda de que nada volverá a ser igual.

En el transcurso de la historia de la humanidad, las personas han desempeñado en general el papel de pastores/administradores de la tierra y sus tesoros. Nuestros antepasados no veían esta función a través de unas gafas de color rosa y sabían que sus vidas y las vidas de sus antepasados eran, a menudo, difíciles y duras. Vivir de la tierra y con ella en un entorno más rural puede ser físicamente agotador, frío y desolador. Esta vida estaba plagada de pobreza, hambre y enfermedad. Cuando pensamos en lo que ahora consideramos como una época más sencilla, la vemos desde el privilegio de la supervivencia. Fueron tiempos duros y la madre naturaleza es una señora despiadada e inconsistente.

Aunque hoy en día solemos contar con lo necesario para sobrevivir, nuestros antepasados no siempre tuvieron tanta suerte por culpa de los largos inviernos, las plagas, las heladas, las sequías y las hambrunas. Avancemos ahora rápidamente a los apuros que sufren los seres humanos y las brujas en la actualidad. Muchos vivimos en una sociedad materialista llena de asfalto y los placeres que ofrecen las zonas urbanas y residenciales. Hemos perdido el equilibrio no solo con nosotros mismos, sino con la propia tierra, sus ciclos y sus estaciones. Este hecho se ha puesto de relieve con la pandemia moderna. Cuando nos enfrentamos a una crisis, muchos no sabemos cómo comportarnos porque somos incapaces de producir nuestra propia comida y agua si no es comprándola en un supermercado.

En algunas de mis fases más introspectivas, he reflexionado mucho sobre cómo los seres humanos, yo incluida, hemos perdido el contacto con los ciclos del nacimiento, la vida y la muerte para centrarnos en la comodidad temporal. Cuando tenía diecinueve años, escuché una de las cosas más profundas que he oído nunca, y que cambió la forma en la que me relaciono con el mundo y mi vida. Estaba embarazada por aquel entonces y tenía las emociones a flor de piel; seguramente por eso se me quedó esta escena grabada. Había ido a Publix, un supermercado local, y me puse en la cola para pagar. Delante de mí, un hombre charlaba con la cajera. Quedó claro enseguida que no era de la zona por su acento. La cajera también se fijó en esto y le preguntó qué lo traía a la ciudad. Y dijo: «Quería aventura, pero echo de menos mi hogar. Parece que he cambiado una vida llena de significado por otra llena de facilidades».

Esta verdad, pronunciada con mucha sinceridad por un desconocido, me llegó al alma. Tras salir de la tienda, volví a casa y escribí esta idea en mi diario para reflexionar sobre ella. Y, años más tarde, he pensado en ella casi cada día; el tono y el peso de esta reflexión me sacan de mi zona de confort. Para mí, fue impactante que un desconocido decidiera ser natural y sincero en una cultura de saludos y agradecimientos educados pero impersonales. Esta sinceridad me abrió los ojos enseguida de un modo violento para percibir mi función en lo que él describió como «facilidades». Si era sincera conmigo misma, había de reconocer que no estaba conectada ni en sintonía, ni era consciente de la tierra que me rodeaba porque no la veía.

Lo más sorprendente es que cada vez hay más gente que empieza a darse cuenta de esto por la COVID-19. En un artículo reciente del *Atlantic*, Marina Koren habla sobre cuatro formas en las que la cuarentena y la orden de quedarse en casa han afectado a la Tierra. La más prominente es que la superficie retumba menos, dado el descenso que se ha producido en el uso del transporte público y privado. La segunda es que la contaminación atmosférica ha descendido porque hay menos gente viajando y más fábricas cerradas. La tercera es que el paisaje sonoro ha cambiado. Y la última: la contaminación acústica en los océanos también ha menguado.

Creo que el tercer punto, el del cambio en el paisaje sonoro, es el más impactante de todo el artículo porque pone de relieve cómo de alejados están los habitantes urbanos del mundo natural. Koren escribe lo siguiente:

> *La gente que viva en la ciudad puede escuchar sonidos que el zumbido habitual amortigua. El mes pasado, Rebecca Franks, una estadounidense que vive en Wuhan, el epicentro de la pandemia del coronavirus en China, hizo esta observación tras cuarenta y ocho días de cuarentena: «Solía pensar que no había pájaros de verdad en Wuhan, porque no es habitual verlos y nunca se les oye. Ahora sé que el tráfico y la gente los silenciaban y los desplazaban». «Ahora oigo a los pájaros cantar todo el día. Me detengo en seco al oír el sonido de sus alas», escribió Franks en Facebook. Sylvia Poggioli, una corresponsal de NPR en Italia, informó que las calles de Roma están tan vacías «que puedes oír incluso el chirrido de las bisagras oxidadas de las puertas» y «el canto de los pájaros, un signo temprano de la primavera, resulta hasta casi demasiado fuerte».*

Me encanta esa última cita: «el canto de los pájaros, un signo temprano de la primavera, resulta hasta casi demasiado fuerte». Menuda idea más impactante cuando la comparamos con la realidad de que mucha gente ha perdido su conexión con el mundo natural. En una ciudad que suele estar llena de vida con ruidos atronadores, los sonidos de la naturaleza pueden parecer demasiado intensos. Creo que esto pone en perspectiva el hecho de que, aunque cada vez estemos más conectados, no lo estemos a las cosas que importan de verdad. En conjunto, hemos olvidado lo que significa ser pastores de la tierra y por qué esto es importante.

¿Qué es un pastor?

Dicho en pocas palabras, un pastor es alguien que observa el bienestar y protege las vidas que se le han encomendado. Nuestra tierra no es muy diferente a un animal vivo, pues somos responsables de cuidarla y mantener su salud y bienestar. Como brujas, es importante, sobre todo, ser las pastoras y protectoras de los territorios que habitamos. Estos territorios no están compuestos solo por polvo y tierra, sino también por entes vivos con espíritus y energías que nos afectan de un modo que no acabamos de comprender.

En la parte urbana de Estados Unidos, existe una cultura donde la norma es hacer más por menos, buscar atajos, adoptar una actitud de «yo, yo, yo» y llenar el tiempo con horarios hasta que resulta agotador. El consumismo rápido ha reemplazado a los actos intencionales. ¿Cuánta gente usa cubiertos o platos desechables solo para no lavarlos? ¿Cuánta gente usa cápsulas de café de un único uso en vez de filtros reutilizables? ¿Cuántas hectáreas de bosques, praderas y humedales se han perdido para construir un aparcamiento o un edificio? Esto me recuerda a las palabras de Joni Mitchell y, más tarde, a las de Counting Crows, que cantaban sobre paraísos y aparcamientos.

La humanidad urbana se ha olvidado del espíritu de la tierra, sobre todo en sociedades capitalistas donde es más cómodo y conveniente estar conectado y enchufado que cualquier otra cosa. Aunque no soy cristiana, crecí en una zona donde las escuelas públicas tenían un proyecto pobre y los padres enviaban a sus hijos a las privadas siempre que era posible. Ser una bruja pagana en una escuela cristiana fue toda una hazaña, pero una de las lecciones más memorables que aprendí fue sobre el concepto de la propiedad de la tierra en el Antiguo Testamento:

«*La tierra no se venderá a perpetuidad, porque la tierra mía es; pues vosotros forasteros y extranjeros sois para conmigo*» . (*Levítico*, 25:23)

Vivimos como si el mundo nos perteneciera, cuando la realidad es que somos unos invitados que pasarán aquí una época muy breve. Nadie es propietario de la tierra y, aun así, hemos aceptado la división y la monetización hecha por un grupo selecto que «controla» estos espacios y pagan una cantidad de dinero extraordinaria por lo que la tierra da libremente. Nuestro trabajo es ser pastores protectores del planeta, nuestro único planeta, y cuidar de él.

El consumismo rápido (como la *fast fashion*, o moda rápida, y la agricultura industrial) es la antítesis de pastorear la tierra. No es sostenible ni invita a ganar conciencia de la gente que interviene y de las herramientas y los materiales que usa. Para estar conectado de verdad a la tierra, es importante hacernos conscientes de los factores sociales que impactan en la salud y la energía directa de los espíritus que nos rodean. Con esto no quiero decir que apoyar los métodos modernos de producción sea malo *per se*, pero si alguien tiene la capacidad de tomar una decisión más sostenible con un impacto positivo, es su deber hacerlo para pastorear la tierra. Otras formas de vivir una vida más natural sin este lastre son ir a mercados locales en vez de a las cadenas de supermercados o comprar ropa de segunda mano en vez de ropa de *fast fashion*.

La sostenibilidad es, sin duda, una palabra de moda en el *marketing* actual y las marcas pueden engañarnos de un modo deliberado sobre lo que es sostenible y lo que no. Cuando tengas dudas, lo más básico para pastorear la tierra será emplear prácticas intencionales como reducir el consumo en general, reusar lo que ya tienes en vez de comprar cosas nuevas, reciclar objetos que ya no necesites y comprar productos sostenibles y ecológicos de empresas de confianza. Pensar en la escala de la contaminación puede resultar abrumador, pero lo que importa es convertir tu pastoreo en una decisión deliberada.

Llegará un momento en el que tu forma de percibir cómo tratamos la tierra cambiará irremediablemente. Puede ser algo que veas en una película, un desastre natural o provocado por la humanidad, o quizá presencies cómo la basura llega a tu playa favorita. Sea lo que sea, usa esa pasión para alimentar el siguiente ritual. Su propósito es convertir nuestra comodidad en algo más profundo y pasar de ser usuarios a protectores.

CONVERTIRSE EN PASTOR

Antes de empezar, es importante detenernos y examinarnos para determinar qué podemos mejorar. Siéntate con una hoja en blanco y dibuja una línea de arriba abajo para crear dos columnas. En la parte izquierda, escribe las cosas en las que tienes que trabajar para ser más sostenible e intencional. En la derecha, escribe lo que podrías hacer para cambiar estas cosas. Aquí hay unos cuantos ejemplos:

COSAS QUE PUEDO MEJORAR	FORMAS DE MEJORAR
Uso botellas de agua de un solo uso y productos de plástico	Comprar y usar una botella de metal o de cristal y otros productos reutilizables
Compro productos fuera de temporada que proceden de lugares a miles de kilómetros de distancia	Comprar comida de mercados y cooperativas locales
Consumo en exceso	Comprar a granel y reciclar todo lo posible

Cuando hayas terminado la lista, pliega el papel tres veces. A continuación, por cada cosa que hayas apuntado, compra una semilla o planta que pueda sobrevivir en el exterior sin prácticamente ninguna ayuda (mejor si son plantas autóctonas).

Cuando hayas reunido las semillas, ve a una zona de tu propiedad con la que te sientas conectada o que no esté bien cuidada. Siéntate en el suelo y ponlo todo delante de ti: la lista, las semillas y puede que una pala para plantar.

Sitúa las manos sobre el suelo y cierra los ojos para sentir la energía de la tierra uniéndose a la energía de tu cuerpo a través de las manos. Visualiza una luz dorada que sale de tu cuerpo hacia la tierra y una luz plateada que sale de la tierra hacia tu cuerpo en cada punto de contacto. A medida que esta luz te llena, siente el cambio y la carga de la tierra respirando en tu espíritu.

Cuando estés lista, abre los ojos y coge la lista. Con tus propias palabras, pide a los espíritus de la tierra que escuchen y estén presentes contigo. Habla sobre tu pacto con la tierra, lee en voz alta cómo has errado y todas las formas en las que vas a cambiar. De este modo, te unes a la tierra en un viaje de amor y aceptación, de protección y sanación.

En cuanto hayas terminado de leer la lista, ponte a plantar las semillas. Estas serán la encarnación física del pacto entre la tierra y tú. Es importante plantarlas con cuidado y cuidarlas cada día. Ahora eres literalmente el pastor de estas vidas y será tu responsabilidad cuidarlas lo mejor que puedas.

Este ritual se puede repetir, modificar y reafirmar múltiples veces al año. Yo suelo hacer todas las plantaciones estacionales con este ritual y las cosechas con otro distinto. La tierra cuidará de nosotros si nosotros la cuidamos y, al cuidar de estas plantas, podemos ver y sentir nuestros cuerpos físicos relacionándose con la Madre Tierra.

La Rueda del Año

Purificación con humo

La purificación con humo es la práctica de quemar hierbas, incienso, madera, resina u otros productos con el propósito de purificar un espacio o prepararlo para lanzar un hechizo. Se cree que el humo limpia, invoca y manifiesta, y es una práctica que aparece en muchas culturas y religiones de todo el mundo. Hay muchos materiales que se pueden usar para este propósito según tu cultura, clima y tu accesibilidad a ellos.

En la comunidad del *New Age*, el término *sahumar*[3] se ha vuelto cada vez más popular en los últimos años. En la última década, las palabras «sahumar», «salvia blanca» y «cómo sahumar» han sido muy frecuentes en los buscadores de internet, lo que muestra un gran repunte en búsquedas y popularidad (según trends.google.com) desde 2010. Aunque *sahumar* se ha convertido en sinónimo de *purificación con humo*, no es lo mismo.

En inglés, *smudge* deriva de una palabra del siglo XV, *smogen*, que significa manchar, ensuciar u oscurecer. Sin embargo, en un contexto moderno, la palabra ha cambiado para referirse al humo que las personas nativo americanas usan en sus prácticas de purificación. El sahumado moderno se suele referir a la práctica espiritual nativo americana que usa *Salvia apiana, Salvia officinalis*, tabaco, hierba sagrada, milenrama y enebro para rituales de limpieza, purificación y sanación. Estos rituales los dirigía/dirige un chamán o sanador profesional que consigue sus propias hierbas mediante métodos tradicionales.

El problema que tiene mucha gente con el uso del término *smudging* y por el que consideran que ha sido inapropiado es que muchas personas, que emplean esta práctica desde el *mainstream* y la comercialización, han perdido la conexión con ese elemento que lo hace sagrado y, a la vez,

---

3 Más conocido en inglés como «smudge». Como se habla de los orígenes de esta palabra en inglés, he empleado el término en ambos idiomas según el contexto. (N. de la T.)

solo aplican lo que les interesa (por ejemplo, quemar salvia para limpiar la energía negativa sin ningún esfuerzo adicional o aportación espiritual). Aunque hay quien argumenta que no ha habido una apropiación del *smudging* porque es una palabra inglesa, yo no estoy de acuerdo. He escuchado a personas nativo americanas y he reflexionado sobre lo que su narrativa significa para mí, de forma espiritual y práctica. Creo que la mayoría de gente que practica este ritual no ha hecho lo mismo.

Si no usamos sahumado, entonces ¿qué? A lo largo de la historia, cada cultura ha usado el humo para sanar y limpiar. Las iglesias usan incienso, los escoceses tienen una práctica llamada *saining*, en India el incienso lleva usándose en la espiritualidad y la religión desde antes de que existiera la palabra *smudge*. Hay espacio para que todas usemos el humo para limpiar y sanar nuestros cuerpos. Creo que lo mejor que podemos usar para purificar mediante humo debe proceder de cosas que creamos y obtenemos nosotras mismas. Te sugiero que plantes tu propia salvia, romero, citronela, cedro, eucalipto e incluso laurel. Todas estas plantas se pueden plantar de un modo convencional y sostenible en casa (o en una terraza) y van genial para purificar. Además, si incorporas al ritual flores y productos recogidos en la zona, le confiere un toque especial a nuestra magia terrenal consciente.

Otras plantas que se pueden incorporar a los rituales de purificación con humo son la artemisa, la lavanda, la menta, el pino, el enebro, la hierba gatera, el diente de león, los helechos, el brezo o la turba. Debo añadir que cada planta tiene diferentes propiedades y propósitos, y cada bruja debe probarlas ¡y tú debes decidir cuál te viene mejor a ti y a tu práctica!

Estas son algunas de mis favoritas:

Mirra: para la salud mental y purificar espacios.

Citronela: para abrir caminos y comunicarse con antepasados.

Enebro: para protección y abundancia.

Menta: para la salud pulmonar y traer claridad.

Romero: para aliviar el dolor del duelo y cortar lazos.

RITUAL BÁSICO DE PURIFICACIÓN
CON HUMO

Cuando llegamos al final del día, a veces nos sentimos un poco exhaustos. Podemos limpiar nuestros espacios físicos, tomar un baño, ir a correr. He descubierto que, en esos momentos, este ritual básico de purificación con humo de mi cuerpo físico hace maravillas para levantarme el ánimo. Es bastante básico ¡y te sentirás como nueva enseguida!

Necesitarás:

- **Una vela blanca pequeña**
- **Un manojo de hierba seca, otras plantas y carbón o incienso**
- **Un mechero o cerillas**

En un baño o en otra zona sin moqueta, empieza encendiendo la vela blanca. Siéntate en el suelo con las piernas cruzadas o en una silla si no te puedes sentar en el suelo con comodidad. Cierra los ojos y céntrate en tu respiración. Concéntrate en tu cuerpo y siente cualquier punto de tensión o emoción contenida.

Imagínate que una luz cálida te atraviesa el cuerpo; empieza por los dedos de los pies y sube por las piernas hasta el torso, los brazos y la cabeza. Permite que esta luz persista en ti y relaje esos puntos de tensión.

Cuando estés lista, enciende el incienso y levántate. Desde los pies, rodea tu cuerpo con el humo en el sentido de las agujas del reloj. Permítete respirar el humo y, al exhalar, deja que el humo salga y expela cualquier tensión, energía o emoción contenidas.

Cuando hayas dado la vuelta a todo el cuerpo, deja que el incienso o las hierbas acaben de quemarse con la vela.

5

A LAS PUERTAS DE
LA BRUJERÍA

«Es fácil convertir en ficción un problema cuando no eres consciente de todas las formas en las que te beneficias de él».

—Kate Bornstein

Esta sección es un poco personal para mí y para muchas personas que, creo, encajarían dentro de la categoría de brujas de clase trabajadora. Durante mi época como creadora de contenido ante un público, han usado el término «brujería de plástico» para referirse a mí en foros públicos, mensajes directos y correos, en general después de que diera recomendaciones para practicar una brujería económica. Veo que, de forma periódica, me llaman a mí y a otras personas «brujas de plástico» y me dicen que promuevo la «brujería de plástico», algo que resulta dañino no solo para las «brujas de verdad», sino también para el medio ambiente. La gente que emplea este término no suele pertenecer a la clase trabajadora y hablan desde un privilegio que elude lo espiritual.

Creo que el término «brujería de plástico» posee un doble significado. En primer lugar, ese «plástico» implica superficialidad y falsedad, como el grupo de chicas de plástico en la película *Chicas malas*. En segundo lugar, que te califiquen como una bruja de plástico se refiere a que usas productos de este material. Sin embargo, el término es bastante condescendiente y evidencia una gran ignorancia espiritual. Es decir, llamar a alguien «bruja de plástico» suele implicar que no sientes empatía hacia esa persona y permite a brujas más privilegiadas ridiculizar y menospreciar a brujas menos afortunadas.

Otro factor de este problema es que hay gente que disfruta de la estética de la brujería. No hay nada malo en incorporar cosas que te aportan alegría, pero esto resalta de un modo bastante obvio las divisiones entre distintos bandos en la brujería. Hay gente a la que no le importa la estética y solo se centra en la práctica, sin tener en cuenta la opinión de los demás. Hay otra gente, como yo y muchas más personas, que tenemos una fuerte presencia en internet, pero que no nos adherimos a ninguna estética en particular. Y, por último, hay una última categoría, la de esa gente que tiene mucha presencia en internet o una presencia personal muy fuerte y cuida mucho su estética; solemos encontrar a estas personas en YouTube e Instagram.

Tener una estética no significa que tu brujería sea menos genuina o real. Yo no me considero una bruja de plástico, pero entiendo que algunas personas lo piensen porque, como tengo mucha presencia en internet, de algún modo soy menos genuina. Solo diré que, al final, solo tú puedes saber si tu práctica es auténtica o «de plástico».

La sociedad occidental se ha aprovechado de la estética de la brujería. Tras años en la sombra, nos hemos convertido en un público objetivo que, sorprendentemente, está dispuesto a gastar mucho dinero en nuestras prácticas espirituales. Puedes comprar materiales baratos online desde China o en un bazar, ¡o incluso en un supermercado! Esta facilidad de acceso crea una desconexión entre nuestros vínculos espirituales y lo que compramos por impulso.

Nuestra energía crea el dinero que tenemos para gastar, así que, al gastar energía, es importante ser intencional sobre a quién y a qué apoyamos cuando la gastamos. Amazon se ha convertido en un sitio básico para muchas brujas, ya que facilita el acceso y la capacidad de buscar y leer reseñas. Lo que este proceso nos quita es la oportunidad de aprender de primera mano de otras brujas y apoyar a las comunidades locales para mantener los recursos en su sitio. Comprar en pequeños negocios es un paso que cualquier bruja puede dar a un nivel comunitario para fomentar y apoyar lo que más les importa.

Si echamos un vistazo rápido por Instagram o Tumblr, veremos muchas imágenes de fotos sobre brujería que poseen una estética agradable, rollo *New Age* y de los *lightworkers*[4]. Pasar tiempo en las redes sociales es una forma de desconectar de nuestro mundo físico, pero acabamos en el

---

4   Término acuñado por Michael Mirdad a principios de la década de los 80 para referirse a las personas que poseen una gran empatía y una predisposición natural a ayudar a otros seres vivos. (N. de la T.)

mundo virtual de la brujería comercializada y dirigida estéticamente a nosotras. No es muy complicado encontrar altares repletos de estatuas y velas y cristales o, por otra parte, estanterías llenas y llenas de libros, y querrás tenerlo todo. Es algo con lo que podemos compararnos, algo que nos señalaría como «devotas».

Esta versión estética de la brujería es como brujería a base de esteroides. Desde mi punto de vista, nunca me he sentido atraída por el impulso de acumular muchas estatuas, cristales o hierbas. Sí que colecciono libros, pero también los leo y me parecen útiles para mi crecimiento personal. Disfrutar de algo y codiciarlo no te hace menos bruja, igual que no tener muchas cosas tampoco te convierte en menos bruja. La brujería es, en el fondo, tu fuerza y habilidad para manifestar tu deseo con lo que tengas en este preciso instante.

Nos venden productos que apelan a las comunidades del *New Age* y a los *lightworkers* más que a la brujería directamente. Un buen amigo mío, el doctor Timothy Heron, ha señalado, tanto en conversaciones personales como en sus charlas, que las brujas no son lo mismo que los *lightworkers*. Suelo coincidir en su opinión, pero no pretendo impedir el acceso a la brujería a nadie que use este término. De hecho, me gustaría mostrar la clara y obvia división en la terminología. Creo que estas palabras de Heron resumen bien la distinción entre ambos términos sin prejuicios:

> *Hay una confusión entre las creencias paganas y las del* New Age *[…]. La brujería es una práctica que suele estar arraigada en las ideas paganas [...]. La práctica del* New Age *incluye lo siguiente: una fuerte atracción hacia los cristales, la sanación energética y el transcender de los cuerpos en vez de sentir una conexión con la tierra. El foco es mucho más espiritual y no se centra tanto en la tierra.*

El modo en el que las brujas, y los paganos en particular, se convierten en parte del mundo natural ¡es lo que nos hace diferentes! Las brujas no somos un grupo de consumidoras a las que vender productos; aparte de la estética y de la aprobación superficial, formamos parte de una antigua conexión con la energía de la tierra.

La brujería es, por naturaleza, anticonsumista

Otro problema que, al parecer, tiene internet con las brujas de plástico es la accesibilidad. Suelo emparejar la accesibilidad con el *gatekeeping*[5] y el privilegio, porque sí que mantiene a la población más desfavorecida en la comunidad de la brujería a «las puertas», por así decirlo. Los libros sobre brujería se escriben de un modo similar a los libros de cocina y las principiantes empiezan su práctica sintiendo que necesitan muchos materiales para ser «auténticas». Antes que nada, esta narrativa es un error, pues deja a muchas principiantes con la inseguridad de cómo y dónde comprar sus materiales.

Me da la sensación de que a mucha gente que empieza en la brujería no se le enseña que tienen todo lo que necesitan sin gastarse ni un céntimo. Esto puede sonar caótico y lo es; sin embargo, la brujería reside en el corazón de la bruja, no en las herramientas o los materiales. Una bruja experimentada puede conseguir más con un trozo de papel, un lápiz y su voluntad que una imitadora con todos los materiales de una tienda esotérica.

Por cómo lo he dicho, parece que estoy haciendo *gatekeeping*, pero hay una diferencia entre una persona que afirma saber algo sin esforzarse y otra que se dedica a su camino espiritual en cuerpo y alma, con trabajo

---

5   En este contexto, no existe una traducción satisfactoria del término *gatekeeping* y, hasta el momento, su uso en inglés está bastante extendido. Hace referencia a la gente que impide el acceso a la brujería a otras personas, pues no las considera dignas de esta práctica. (N. de la T.)

duro y devoción. Cualquier persona que decida unirse al camino de la brujería y quiera ser bruja, ¡puede serlo! No hay ningún prerrequisito como la herencia (ser descendiente de un largo linaje de brujas) o tener unos orígenes o una raza concreta. Sin embargo, lo que hacemos con el deseo de explorar y aprender de verdad es lo que determinará en qué tipo de bruja nos convertiremos.

Una bruja sin erudición no posee la conexión con la tierra necesaria para producir la energía que se requiere a la hora de manifestar sus deseos y voluntad. Las principiantes no sabrán tanto como una bruja más experimentada, y no solo no pasa nada, sino que se anima a ello y es de esperar. Nadie se convierte en experta en un tema de la noche a la mañana, y la brujería no es distinta. Hay una diferencia entre llamarte bruja y serlo de verdad. La brujería se encuentra en el alma; estaba presente en tu forma espiritual, está aquí ahora y seguirá existiendo cuando esta vida llegue a su fin.

Brujería económica

La gente pretenciosa suele confundir la brujería de plástico con la brujería económica, y me he dado cuenta de la confluencia de ambas cuando ayudo a las principiantes en brujería económica. Esta última no es lo mismo que ser una bruja de plástico: frugal no es sinónimo de falso. Solo porque andemos escasas de dinero y usemos productos más baratos no significa que nos importe menos la tierra, sus recursos o los espíritus con los que trabajaremos. Tenemos permitido vivir dentro de nuestras posibilidades y seguir practicando una brujería ingeniosa.

Las brujas no necesitan nada para practicar brujería. En una sociedad capitalista que está tan influenciada por las modas, puede parecer que, para ser bruja, se necesite todo tipo de parafernalia, pero tengo la firme convicción de que una bruja no necesita nada. Las herramientas como las velas, los botes, las campanas y el incienso se usan para concentrar y reunir energía, pero no son esenciales. Cuando una bruja principiante empieza su viaje, estas herramientas la ayudarán a aprender a concentrar su intención y manifestar su voluntad.

Cuando acabas de empezar, te resultará abrumador averiguar qué es lo «correcto». Te puede parecer que necesitas un libro de las sombras o un altar o cualquier otra cosa. Aunque no quiero impedirte que compres estas cosas en algún momento, solo te hacen falta dos cosas para empezar: un espacio para ti en el que concentrar tu energía y una libreta para apuntar las cosas y que no se te olviden. La tierra es un altar para todos sus hijos; es gratuita y ofrece un espacio muy amplio. Y salir fuera cuando hace un buen día es tan satisfactorio para tu alma como crear y limpiar un altar para un dios o un antepasado.

Algunos de los materiales básicos «necesarios» son los más sencillos de encontrar. Digo necesarios porque sí que hay ciertas herramientas que nos ayudan a avanzar en nuestro crecimiento; sin embargo, lo que a mí me pueda parecer necesario quizá no lo sea para otra bruja. En esa lista de herramientas necesarias está el libro de las sombras o lo que se suele llamar grimorio. Ambos términos son formas bonitas de referirse a un libro de hechizos. Un libro de las sombras es un libro personal de hechizos, notas y rituales; casi como un diario, pero más formal. Este es un término de la Wicca y no todas las brujas tienen un libro de las sombras. Del mismo modo, un grimorio es un libro formal de hechizos y de información útil que se suele heredar de un linaje o compartir en un aquelarre o grupo de brujas. No todas las brujas tienen un grimorio.

A mí me gusta tener un diario físico y notas digitales. Uso la sección de notas de mi móvil, que hace una copia de seguridad en el correo electrónico, para guardar todas las entradas de mi libro de las sombras/ grimorio. Lo organizo y lo mantengo como un recurso más accesible para buscar referencias rápidas a lo largo del día. En mi tiempo libre, uso el diario en papel para escribir notas sobre libros y mis pensamientos. De este modo, he creado una práctica que es sostenible y útil para mí como bruja individual. Ahí no escribo cosas que se pueden buscar con facilidad en internet, como las fases de la luna o el significado de los colores. Puedo sacar esta información de mis libros o hacer una búsqueda de cinco segundos para encontrar la respuesta. Escribo sobre mis pensamientos y sentimientos cuando he leído algo o cuando interpreto la energía de cosas en concreto como las fases de la luna. ¡Un diario de brujería/libro de las sombras/grimorio puede ser lo que tú quieras que sea!

En brujería, como en todo lo demás, debes vivir dentro de tus posibilidades. Aunque estas sean convencionales. ¿Has comprado algo de plástico? Reutilízalo o recíclalo. ¿Has acabado comprando algo del *fast fashion* por el motivo que sea? Remiéndalo en vez de tirarlo. No olvides que esta industria es la única que existe para ciertas tallas. Cuidarte a ti misma de un modo económico implica también cuidar de tu salud mental y espiritual. No permitas que la opinión de nadie sobre lo que «debería» ser una bruja te haga sentir inferior por vivir según tus posibilidades. No deberías seguir las ideas de nadie, solo las tuyas.

Básicos para el altar

Los altares son importantes para muchas brujas ¡y cada uno es tan particular como un libro de las sombras o un grimorio! Yo soy una bruja tradicional y mis altares lo reflejan. En muchos libros sobre la Wicca, encontrarás instrucciones detalladas sobre las herramientas que deberías usar para construir tu altar, dónde deberías colocarlo y qué debería incluir. En *La danza en espiral*, Starhawk describe un altar de la siguiente forma:

> Las herramientas [de un aquelarre] se suelen guardar en un altar, que puede ser cualquier cosa desde un baúl antiguo tallado a mano hasta

una caja tapada por una tela. Cuando se utiliza para la práctica
habitual de la meditación y la magia, el altar se carga de energía y
se convierte en un vórtice de poder. En general, el altar de una bruja
da al norte y las herramientas se sitúan en sus correspondientes
orientaciones. Las imágenes de la diosa y del dios (estatuas, conchas,
semillas, flores o un espejo) toman una posición central.

Yo, como bruja tradicional, no trabajo así con los altares. En la brujería tradicional te dejas guiar para encontrar el lugar donde establecer
el altar y los materiales que vas a usar. Me gustaría mencionar que no
hay nada malo en crear un altar basado en los rituales. Esto funciona
para algunas brujas y les permite centrarse de verdad en su energía de un
modo que, con el caos de un altar tradicional de lo natural, no podrían
conseguir. Sin embargo, este es uno de los métodos más accesibles y que
más ha perdurado con el paso del tiempo. Además, emplear un método
más tradicional y no tan ritual nos permite que las piezas móviles del
altar fluyan con el cambio de las estaciones.

¿Y cómo se hace un altar así? ¡Me alegro de que lo preguntes! Para
empezar, debes deshacerte de la idea de cómo «debería» ser un altar y lo
que debería contener. Piensa en tu espacio y en tu propósito. ¿Vas a crear
un altar para celebrar una estación? ¿Vas a crearlo para una deidad? ¿Vas
a crear un altar funcional para todas estas cosas y más? Una vez hayas
identificado el propósito de tu altar, llegará el momento de pasarlo bien
montándolo.

Pasemos a identificar unos cuantos altares habituales y cómo los
haríamos: altares de viaje para brujas itinerantes o encubiertas, altares
estacionales y un altar general para el día a día. Aunque hay muchos
tipos, si dominas estos tres, luego es más fácil crear otro que encaje con
tus necesidades.

Antes de empezar, debes plantearte una serie de preguntas:

¿Qué es importante para mí?

¿Qué objetos puedo incorporar que simbolicen esto?

¿Necesito mucho espacio o poco?

¿Quiero estar de pie o sentarme?

¿Los objetos que elija deberían cambiar de vez en cuando?

Tus respuestas serán únicas para ti y solo para ti y puede que cambien con el tiempo y con la evolución de tus necesidades e intereses.

Altares de viaje

Los altares de viaje suelen ser versiones en miniatura de un altar general funcional. Permiten a la bruja reconectarse y vincularse con la tierra durante su práctica espiritual, esté donde esté. Entre los objetos más habituales en un altar de viaje se incluyen lápices pequeños (como los de IKEA), un par de trozos de papel, cerillas o un mechero pequeño, una vela de cumpleaños, un cristal pequeño (normalmente un cuarzo), una bolsa de hierbas y un colgante del tipo que sea. Estos altares de viaje suelen guardarse en una lata para caramelos, pero también he visto cajas más grandes como las de zapatos si es un altar funcional para una bruja encubierta[6].

A mí me gusta llevar mi altar de viaje en un neceser que compré por un dólar en Target. En él llevo lo siguiente: una foto Polaroid pequeña, un mechero, conos de incienso, una vela pequeña, paquetes de sal y una estatuilla de cuarzo de un ángel. Además, aunque no va incluido en mi altar de viaje, siempre llevo encima una baraja de tarot en el bolso o la mochila. No hay ninguna forma correcta o incorrecta de hacer un altar de viaje, ¡pero son muy divertidos de preparar!

---

6   Se refiere a brujas que no han revelado que lo son a nadie y que ocultan su práctica. (N. de la T.)

Altares estacionales

Hay dos formas básicas de crear un altar estacional: en el interior o en el exterior. Creo que hacerlo en el exterior proporciona un elemento extra de conexión con la energía de la tierra, pero reconozco que esto no siempre se puede hacer ni es accesible para todas las brujas. Si puedes hacerlo en el exterior, ¡genial! Si no, un altar de interior te irá igual de bien. Los altares estacionales se pueden preparar para celebrar la estación en sí misma o se pueden crear y cambiar con cada vuelta de la rueda.

Altares exteriores

Cuando vayas a crear un altar estacional en el exterior, empieza cerrando los ojos y permitiendo que la energía de tu alrededor fluya a través de ti. ¿Dónde te sientes más atraída a colocar este altar? Cuando encuentres el lugar, mira el entorno. ¿Hay rocas o trozos de madera o espacios excavados de forma natural que puedan parecer espacios naturales para un altar? Si es un altar temporal que recogerás cuando te marches, puedes usar cualquier material que hayas traído, como mesas, telas, estatuas, velas, etc. Si vas a crear un altar más permanente que dure toda la estación y al que puedas volver una y otra vez, lo mejor es usar los materiales que la naturaleza nos proporciona para evitar dañar el espacio que ocuparás.

Altares interiores

Cuando vayas a crear un altar interior, ¡dale caña a la decoración! Te recomiendo colocarlo en la repisa de una ventana o cerca de una que dé al este o al oeste. De este modo, puede ser un lugar de paz y reflexión durante el nacimiento o la muerte del día. Ahora mismo, tengo un altar estacional en la pared de una ventana. Los materiales y el tamaño del altar dependerán de para qué vayas a usar el altar: para ofrendas estacionales en general, los sabbats o una mezcla de las estaciones.

Para mí, este altar solo reconoce las cuatro grandes estaciones (otoño, invierno, primavera y verano), además de Samaín y Yule. Está decorado con flores frescas de temporada; velas votivas acordes con la estación (negras o naranjas en otoño, rojas o azules en invierno, rosas o verdes en primavera y rojas o amarillas en verano); ilustraciones de varios artistas paganos que representan dioses y diosas; un pentáculo hecho con ramas y libros. Este no es un altar donde suela pedir cosas, así que, a menos que esté trabajando en un hechizo en activo, no suele haber ofrendas, ya que está situado en una zona común de mi casa y mascotas.

Altares generales

Los altares funcionales suelen ser poco estéticos y están escondidos en una zona privada de la casa. Son lo que la mayoría de gente se piensa que debería ser el altar de una bruja, por la idea que se hacen de lo que aparece en la ficción. Este altar suele estar en un estante, escritorio o mesa y puede incluir objetos como libros, diarios, cálices, athames, cristales, velas, estatuas, fotos, dinero, baratijas, ofrendas o decoraciones. Este es un lugar en el que la bruja va a conectar con sus antepasados, guías, poderes supremos y consigo misma. El trabajo que se hace en estos altares puede ser introspectivo (trabajar con la sombra), productivo (manifestaciones) o relativo a maldiciones.

De todos los tipos de altares de los que hemos hablado, estos son los que más mantenimiento requieren. Se deben limpiar de forma regular para mostrar respeto hacia nosotras mismas y a los espíritus con los que trabajamos. Las ofrendas perecederas se tienen que cambiar a menudo. Hay que renovar las velas cuando se consuman y debemos limpiar lo que usemos para los hechizos.

Como nota adicional, una de las preguntas más frecuentes que plantean las brujas principiantes cuando empiezan con la brujería tiene que ver con cómo limpiar los restos de un hechizo. Hay varias formas de desecharlos cuando acabes con él en tu altar. Puedes enterrarlos, dejarlos en una encrucijada o tirarlos. Según el tipo de hechizo, puedes considerar una de las dos primeras opciones antes de elegir la basura, pues es posible que no quieras que los restos de ese hechizo persistan en tu casa o propiedad durante mucho tiempo.

En resumidas cuentas, el altar lo decides tú. Los cristianos hablan de su cuerpo como un «templo» y no es una mala idea. No importa dónde estés, porque la conexión con el espíritu siempre está contigo. ¡Lo único que tienes que hacer es buscarla!

Manifestación/Abundancia

Si eres una bruja económica, entenderás la importancia de manifestar la abundancia sin necesidad de que yo te lo diga. Yo llevo años trabajando y modificando un ritual de la abundancia bastante escueto y he descubierto que este apaño asequible es bueno para el bolsillo y no afecta a la integridad de la magia.

Cuando manifestamos algo es porque buscamos ganar o cambiar una cosa concreta. Manifestar abundancia no es diferente, excepto porque requiere que examinemos lo que ya tenemos antes de recibir más. Si vienes con una actitud de yo, yo, yo, tus rituales de abundancia siempre fracasarán. La abundancia nos impele a ver, apreciar y estar agradecidos por las bendiciones que ya hemos recibido antes de recibir otras. De este modo, recibir abundancia es muy parecido a dar las gracias. Nos bendecimos con más bendiciones y permitimos al universo que nos otorgue más.

RITUAL SENCILLO DE LA ABUNDANCIA

Los rituales simplificados son de los más potentes y eficaces que existen. Son un recordatorio para las brujas de cualquier nivel de que podemos cambiar la realidad de verdad con poco más que el poder de nuestra mente.

Necesitarás:

- Tu imaginación
- Papel y boli
- Una vela (opcional)
- ¡Tu altar!

Antes de empezar cualquier ritual, me gusta dedicar unos minutos a calmar mis pensamientos y concentrarme. La meditación te abre la mente para acoger al espíritu y fusiona tu consciencia con el subconsciente. Dedica unos diez minutos a concentrarte y centrarte. Esto te permitirá tener la atención adecuada para crear lo que quieres manifestar y así tu mente y tu espíritu podrán reajustarse tras estar conectados y centrados digital y físicamente a otras cosas que no son las intenciones que vas a establecer.

Tras calmar tus pensamientos e invocar tu energía y espíritu, ha llegado el momento de canalizar esa energía. La forma más sencilla de hacerlo es encender una vela.

Bajo la luz de la vela, con una energía reajustada y concentrada, visualiza toda la abundancia que ya existe en tu vida. La abundancia puede tener el aspecto de una despensa llena, un salón lleno de amigos y familia, un título universitario, una biblioteca repleta de recursos. Escribe toda esta abundancia de forma individual. Cuando hayas completado la lista, di en voz alta todas estas bendiciones, una por una. Agradece al universo que tengas tantas bendiciones en tu vida y quema la lista en la llama de la vela.

Lo siguiente es manifestar la abundancia futura. Para esta parte es esencial estar concentrada. No permitas que ninguna duda o miedo cobre fuerza mientras visualizas tu futuro. El miedo no tiene cabida aquí.

Cierra los ojos y visualiza cómo será la abundancia en tu vida. ¿Dinero? ¿Salud? ¿Familia? ¿Trabajo? Sea lo que sea, visualízate en ello. ¿Qué estás haciendo? ¿Cómo te sientes? ¿Cómo llegaste hasta ahí? Cuanto más viva sea la manifestación, más poderosa será.

Cuando termines de visualizar esta abundancia, escribe la escena en un trozo de papel y empieza con el verbo ser o estar en primera persona. Por ejemplo:

«Estoy rodeada de muchos amigos que me apoyan».

«Soy económicamente autosuficiente y estoy cómoda con mi estilo de vida».

A continuación, dobla el papel tres veces y quémalo. Mientras arde, cierra los ojos y sigue visualizando tu manifestación.

Si no vas a usar ninguna herramienta, puedes visualizar una vela en tu ojo interior y mantener una lista mental de tus bendiciones. Permite que las imágenes de estas se acerquen y desaparezcan con la llama cuando llegue el momento.

6

EL JARDÍN ESPIRITUAL

«Da igual qué forma adopte tu jardín: es el símbolo visible de tu dedicación
a abrir un espacio al espíritu en tu vida cotidiana».

—Peg Streep, *Spiritual Gardening*

Siempre he pensado que un jardín es la metáfora perfecta para la vida. Casi cada parte del jardín puede reflejar las distintas etapas de nuestra vida física, emocional, intelectual y espiritual. A un nivel físico, los jardines empiezan en general con semillas (o bulbos) que germinan y crecen. Con el paso del tiempo, esa semilla se convierte en una planta, la planta produce frutos y se reproduce y, al final, muere o pasa a un estado latente durante el invierno. Sin embargo, un jardín también sintoniza con los seres humanos desde una perspectiva emocional e intelectual.

Crecemos a partir de una semilla de un modo emocional, intelectual y espiritual. Hemos emprendido la misión de crecer, prosperar, y buscamos el sol. Perseguimos lo que nos sustenta y a veces hay algunos baches en el camino. Si no nos cuidamos, es demasiado fácil que las malas hierbas ocupen nuestros jardines. Estas hierbas pueden tener el aspecto de malos hábitos, entornos tóxicos, odio hacia uno mismo y dudas. Las malas hierbas, cuando se descontrolan, pueden apoderarse de un jardín hermoso que antes prosperaba.

¡Las malas hierbas de la negatividad no son fáciles de dominar! En la comunidad mágica se da con frecuencia un diálogo espiritual sobre que la negatividad no tiene cabida en nuestras vidas. Necesitamos amor y luz las veinticuatro horas del día. Sin embargo, las personas que tenemos los pies en la tierra sabemos que esto ni es posible ni es saludable. Una mente sana se arraiga en lo que es real y procesa los pensamientos y sentimientos sin la lente de la culpa que a menudo acompaña esa idea de «amor y luz». Quitar las malas hierbas del jardín de nuestra alma cuesta tiempo y esfuerzo, pero vale la pena.

Las plantas del alma

Para una bruja, la jardinería no debería ser solo una experiencia física, sino también una interacción profunda con su alma. Es ahí donde nos entregamos libremente a la tierra, que nos ofrece sus frutos, su energía y a sí misma. De este modo, la relación entre la jardinera y su jardín es mucho más espiritual. Si incluimos el jardín en nuestra práctica espiritual diaria, lo sacamos del reino de las tareas para introducirlo en el reino de la iluminación.

Antes de empezar a planear y plantar, necesitarás plantearte cuáles son tus objetivos generales para con el jardín. Los jardines bien cuidados se convierten en un espacio sagrado, un lugar donde te puedes apartar del ruido y la presión de la tecnología y la vida cotidiana. Cuando piensas en tu jardín, ¿qué imágenes te vienen a la mente? ¿Ves muchas flores coloridas? ¿Frutas y verduras? ¿O muchas lechugas y hierbas?

Si no se te da bien la jardinería o no tienes un espacio para dedicarte a ella, no te preocupes. Habrá épocas en las que, por la razón que sea, no puedas tener un jardín tradicional o quizá vivas en un piso y solo tengas acceso a una terraza. Llevo más de diez años dedicándome a la jardinería y he descubierto algunas técnicas que funcionan para cualquier tipo de jardín. Y da igual el espacio: cualquier persona que quiera consagrarse al crecimiento, puede florecer si se lo propone y sin importar en qué situación se halle.

Sin tener en cuenta el tamaño, el espacio o el clima, toda bruja tiene la capacidad de crear su propio santuario. Ya sea en el alféizar de una ventana, en una terraza, en el patio trasero o en una hectárea, podrás crear un espacio para ti misma. Cuando planees tu jardín espiritual, debes tener en cuenta una serie de factores importantes que te ayudarán a construir y desarrollar tu espacio de un modo consciente y sostenible.

Planificación

Cuando vayas a elaborar un plan, coge una libreta para tomar notas, ya que te servirán ahora y en el futuro. Empecemos por ¿dónde crees que podrías plantar tu jardín? Ve a ese lugar físico y comprueba cómo te sientes en él. Mientras estés ahí, observa dónde da el sol en relación con la hora y dónde quieres poner las plantas.

El sol juega un papel muy importante en el éxito general de un jardín. Demasiado sol o demasiado poco puede impedir el crecimiento de una planta sana. Debes considerar dónde da el sol por la mañana, el mediodía y la tarde, así como el efecto de la sombra en el microclima, para planear mejor tu jardín. ¿Ya hay plantas donde quieres ponerlo? ¿Quieres incorporar esas plantas, quitarlas o cambiarlas de sitio?

Sobre todo debes considerar con qué elemento conecta más tu espíritu. ¿Con cuál te sientes más segura y cómoda? Esto es importante porque te puede ayudar a determinar qué tipo de jardín quieres construir y cómo lo vas a hacer para invocar ciertos elementos. Por ejemplo, yo me siento atraída por el fuego, así que planto muchas flores rojas, naranjas y amarillas para invocar la calidez y la pasión.

Luego debes decidir qué tipo de jardín crearás y desarrollarás para tu vida y tu espíritu. Hay muchas opciones, como un jardín de la tranquilidad si a menudo te sientes abrumada. Hay jardines de sanación, donde puedes plantar hierbas para el cuerpo físico y espiritual. O quizá un jardín para meditar, adonde puedes ir en cualquier momento del día y sentarte. Además, también puedes tener un jardín para un dios o una diosa que conecte con los espíritus de la tierra, tus antepasados, tus guías y tus dioses. También hay jardines de aromaterapia, con distintas plantas para hacer inciensos y resinas. Este tipo de jardín es muy útil para mí, pues conecto con él por sus usos prácticos para la salud mental y espiritual.

Es importante decidir pronto si vas a plantar en el suelo o en macetas. Cada método tiene sus beneficios y complicaciones, pero al final conseguirás un jardín fructífero si trabajas con él a partir de lo que tienes y no contra él. Empecemos con los jardines en macetas, porque es la forma más sencilla y accesible de jardinería para la bruja moderna. Puedes tener un jardín así sin comprar materiales caros ni gozar de buen tiempo o de unas óptimas condiciones del suelo.

Jardines con macetas

Puedes convertir muchos recipientes en macetas, pero es importante que el que elijas tenga el drenaje apropiado. Las macetas con el fondo cerrado suelen causar muchos problemas, como un mal drenaje y la pudrición de las raíces. La causa principal de esto en plantas de interior es regar demasiado y usar macetas con el fondo cerrado.

A mí me encanta usar botes de yogur y cartones de huevos para germinar las semillas dentro de casa porque son pequeños y fáciles de replantar. Suelo comprar los huevos en Trader Joe's porque los recipientes son en general biodegradables, con lo que no tengo que preocuparme de sacar la planta antes de tiempo. Es importante pensar en el futuro trasplante, ya que cambiar la planta demasiado pronto puede perjudicarla y provocarle la muerte.

Me gusta dejar las macetas fuera cuando es posible para que les dé la luz directa del sol y también el aire fresco y el agua de la lluvia. En el sur de Florida, donde vivo, tenemos muchas lluvias y eso viene genial, pero también es un poco estresante para las plantas. Además de humedad, también hay lluvia y esto empapa mucho la tierra. He ahí otro ejemplo de por qué es importante tener un buen drenaje por el bien de la salud de la planta.

Otro beneficio de plantar en macetas es que no tienes que trabajar según la estación. Aunque sí que recomiendo cultivar de forma intuitiva según la temporada, reconozco que no siempre es posible. Plantar en macetas permite que las plantas crezcan en condiciones más extremas, como un invierno o un verano intensos.

Las mejores plantas para la brujería se pueden plantar en macetas de forma exclusiva sin importar la estación. Plantar las semillas de unas hierbas no solo impregnará a las plantas de tu energía y tu magia, sino que hará que la magia trascienda a unos niveles a los que no imaginabas que podría llegar.

Jardines exteriores

Cuando planees tu jardín en el exterior, el factor más importante que debes tener en cuenta es tu clima. Distintas regiones tienen distintos climas, así que es esencial profundizar más allá de las cuatro estaciones básicas. Las plantas también tienen necesidades diferentes en cuanto a sol, agua, sombra, suelo y nutrientes.

La forma más sencilla de aprender sobre tu clima y determinar qué plantas prosperarán ahí es mirar la zona de rusticidad. Estas zonas fueron desarrolladas por el departamento de Agricultura de los Estados Unidos e incluyen trece zonas que varían según una escala de temperatura. A lo largo de los años, se han propuesto más mapas de rusticidad y se han aplicado a otras partes del mundo, pero este de EE. UU. es el más común.

Para tener un jardín fructífero en el exterior también es importante valorar distintos factores ambientales, como el tipo de suelo, su humedad y drenaje; la humedad del ambiente; los nutrientes; la luz; la temperatura y la exposición al calor o frío extremos.

Cuando te sientes a planear un jardín exterior que sirva como santuario, es conveniente que repases tus notas con tus ideas, sensaciones y preferencias en cuanto a los elementos. Luego deberás decidir un método de actuación que, además de efectivo, sea eficiente. ¿Quieres empezar con semillas o con plantas de vivero? Si es con semillas, ¿empezarás en el interior según tu zona o esperarás a que avance la estación para evitar las heladas y plantar directamente?

En mi caso, tengo un jardín en la terraza y en la entrada. Como no tengo muchas plantas, suelo comprar plantas de vivero que ya están un poco crecidas. Lo hago por dos motivos: primero, porque son más baratas y, segundo, porque la planta ya tiene una ventaja y es que ha crecido sana en el vivero.

Investiga todas las plantas que quieras plantar esta estación. Lee los requisitos sobre el sol, la tierra y el agua en el dorso del paquete de las semillas. Si una planta exige una sombra parcial, lo mejor sería exponerla al sol de la mañana y no al de la tarde, pues el vespertino puede ser demasiado duro para las plantas sensibles.

Tras examinar los requisitos, deberás elegir entre plantar en el suelo, en macetas elevadas, en montículos o en caballones. Si decides seguir el método de plantar en el suelo, puedes elegir hacer una hilera, dos o las que quieras. Como consejo, te diré que es más fácil mantener dos hileras cortas en vez de una larga y continua. Plantar en la tierra directamente con varias hileras es la forma más rápida y sencilla para una nueva jardinera y requiere poca experiencia. Planta las semillas directamente en el suelo después de la última helada, luego quita las malas hierbas, riega y ¡mira cómo crece tu jardín!

Intuición práctica en el jardín

Antes hemos hablado sobre las aplicaciones prácticas de la intuición, pero el jardín es uno de los lugares más útiles en el que sacar estas herramientas intuitivas. Las plantas pueden ser complicadas y de vez en cuando a todo el mundo le surgen dudas y preguntas. ¿Las he regado demasiado? ¿O demasiado poco? ¿Les faltan nutrientes? ¿Cómo puedo evitar que las plagas se las coman? Aquí no solo es necesario el uso práctico de nuestra intuición, sino también obligatorio. Es el mejor momento para aprovecharlo.

Con el tiempo, la práctica y los ensayos de prueba y error, aprenderás lo que funciona y lo que no. En la jardinería espiritual es importante usar las herramientas que te pide la intuición. No te preocupes sobre lo que diga alguien o lo que se comente en internet: sigue a tus guías en tu camino y espacio individual. Cuanta más atención prestes, antes verás cómo ese jardín se manifiesta ante tus ojos.

Crear correlaciones

Cuando empezamos a usar plantas y hierbas de una forma mágica, es habitual dejarse guiar por la literatura. Puedes hacer una búsqueda rápida y encontrar información sobre un montón de plantas comunes o ir a la biblioteca o la librería local para buscar libros sobre brujería verde. Sin embargo, lo que esos libros no te enseñan es cómo averiguar por ti misma la información.

Supongamos que te has encontrado con una planta, la has investigado y descubres que no se ha escrito nada sobre sus correlaciones. Y te preguntas: «¿Se podrá usar de un modo mágico?». La respuesta es un rotundo ¡sí! Solo porque no encuentres una fuente «oficial» sobre los usos mágicos de una planta en concreto no significa que no pueda tener un propósito tanto práctico como mágico. Internet no es el principio ni el fin de la brujería ni tampoco el parámetro que determina la información sobre tu viaje.

Cuando vayas a descifrar una planta (o cualquier otro material para su uso mágico), esto es lo que debes tener en cuenta. Lo más básico de esta teoría es que la bruja siga una serie de directrices hasta llegar a comprender la planta. A mí me gusta usar esta lista cuando voy a trabajar por primera vez con una nueva planta o material.

LISTA PARA CORRELACIONES

- **Nombre del material:**
- **Tamaño:**
- **Color:**

- Dónde lo he conseguido:
- Preguntas sobre las plantas:

¿Qué tipo de planta es (familia, género)?

¿Es venenosa? (Investiga si no estás segura)

¿Es autóctona?

¿Es comestible? (Investiga si no estás segura)

¿Da flor?

¿Tiene un aspecto sano?

¿Cómo se usa? (Algunos usos pueden ser medicinales, comestibles, limpieza)

¿Cómo se usa de un modo mágico?

¿Cómo la usaré yo en mi magia?

¿Cómo me siento cuando trabajo con ella?

Al responder estas preguntas básicas (o todas las que puedas), puedes hacerte una idea de esa planta o material antes de empezar a trabajar con ellos. Este conocimiento te permitirá usar materiales de forma intuitiva que beneficien y fortalezcan tus objetivos principales.

Vamos a ver unos cuantos ejemplos sobre cómo usar esta técnica para crear correspondencias. El primero es el cánnabis, la planta que más me piden mis estudiantes. También analizaremos la boca de dragón y la lufa. No se ha escrito mucho sobre ninguna de ellas, pero podemos hacer mucho con estas plantas y son ejemplos útiles sobre el potencial de los materiales menos conocidos.

Cánnabis

Aunque parezca increíble, la planta sobre la que más quieren saber mis estudiantes desde una perspectiva mágica es el cánnabis. Yo no lo consumo, pero sí que lo conozco un poco, así que fue bastante sencillo averiguar sus propiedades para un propósito espiritual. En este sentido, al hablar de propósito espiritual me refiero a sus usos externos para rituales, no para un uso recreacional o medicinal.

La mayoría entendemos lo que es el cánnabis y lo que hace. Se puede usar de una forma recreacional, comercial y medicinal y es bastante popular. Al considerar la planta, deberás tener en cuenta las distintas variedades: *Cannabis sativa, Cannabis indica, Cannabis ruderalis* y sus híbridos.

Para empezar, examinemos su árbol genealógico. Vemos que el cánnabis pertenece a la familia de las rosas. Esta información básica nos ofrece una pista importante sobre cómo usarla. Aunque mucha gente supone que el cánnabis se podrá aplicar en hechizos de protección, lo cierto es que es más adecuado para otros propósitos. También se relaciona con los lúpulos (como los de la cerveza), el olmo (el almez) y los higos (aunque esta relación es lejana). Sabemos que los lúpulos son buenos para los hechizos de salud y bienestar y van bien para trabajar con sueños (también se dice que son antiafrodisíacos, pero no sé cómo de cierto es esto). El olmo va bien para los hechizos de amor y fertilidad. Y los higos se usan en adivinación y para la prosperidad, la fertilidad y el amor.

Como sabemos que el cánnabis pertenece a la orden rosales, es decir, que se relaciona directamente con las rosas, esto implica que la planta tiene potencial en el amor y la sanación. Sin embargo, no tiene por qué referirse solo al amor romántico, sino también a la autoestima. El cánnabis, además, es una medicina potente y se ha usado en diversos remedios a lo largo de la historia. En la actualidad, el cánnabis está de moda y hay gente a favor y en contra de él. Tú debes decidir si lo vas a usar en la práctica espiritual o no.

Tras examinar las plantas con las que se relaciona, es hora de investigarla a ella. Empecemos por las raíces y vayamos subiendo. ¿Qué pinta tiene y a qué huele? Esta pregunta es bastante obvia, así que está bien saber si las raíces son largas y profundas o si se extienden como las de un árbol grande. También asegúrate de tomar nota de la salud general de la planta. Lo mejor es trabajar solo con plantas sanas que tienen energía de más para proporcionarnos su magia.

Cada variedad posee puntos fuertes diferentes a las otras. Pongamos por ejemplo una rosa normal. Le podríamos dar una rosa amarilla a un amigo y una roja a nuestra pareja o amante. Vemos así que las distintas variedades de una planta tienen diferentes puntos fuertes y débiles, y el cánnabis no es diferente.

Boca de dragón

Las bocas de dragón son una de las flores más chulas que existen. Además de tener una flor preciosa, cuando mueren, la vaina parece una calavera en miniatura. Se autofertilizan y de esas calaveras caen semillas. Yo nunca he tenido ningún problema con ellas y todos los años regresan a mi jardín.

Hay que tener en cuenta una serie de características importantes antes de empezar a mirar la familia de esta planta. Son tenaces y hermosas. Muestran tanto la vida como la muerte en sus flores y están igual de equilibradas en este sentido.

Si examinamos el árbol genealógico de la boca de dragón, vemos que está emparentada con la dedalera, una planta común bastante habitual en la práctica mágica, pero que requiere un cuidado especial porque es muy tóxica. La dedalera se relaciona con las hadas, pero también se usa para trabajar con la sombra y la intuición. Dada su toxicidad, no se puede ingerir y no es aconsejable emplearla con frecuencia a pesar de sus usos en la magia. Durante Beltane, cuando el muro entre nuestro mundo y el de las hadas es más fino, la dedalera es una buena ofrenda.

Por otra parte, las bocas de dragón no son venenosas, así que es más fácil trabajar con ellas y se pueden usar de un modo más general. Las podemos tener presentes todo el año en los altares y las ofrendas y también se pueden emplear para simbolizar la vida o la muerte, según la estación. Las flores son una gran ofrenda y decoración para el altar. Si han muerto y te quedas con las calaveras secas, entonces son la ofrenda perfecta para el altar de Samhain.

Lufa

Y por último, pero no por ello menos importante, está la lufa. Puede parecer una decisión al azar y lo cierto es que lo es. He aquí mi historia con estas esponjas vegetales: un año compré una tonelada de semillas de lufa y acabé con un montón de plantas que no sabía cómo cuidar. Desconocía cómo usarlas o si tenían algún propósito aparte de parecer calabacines que no se pueden comer.

Pero ahí descubrí que cada planta tiene su utilidad. Las viñas y las hojas de la lufa son espectaculares. Crecen por toda la valla y rodean mi jardín hasta crear un ambiente mágico maravilloso. Además, producen unas flores muy bonitas.

La lufa está emparentada con las calabazas y los melones, como los pepinos y las sandías. Los pepinos se usan para sanación y fertilidad y las sandías para crecimiento, fertilidad, lujuria y paz. Sin embargo, lo que diferencia la lufa de estas otras calabazas es que no se pueden comer. Su principal función es servir como esponjas de limpieza hechas a partir de la lufa seca. Esto demuestra que sus usos prácticos y mágicos se centran en el hogar y la casa. Pon a secar lufa dentro de casa para traer prosperidad y fertilidad a toda tu familia.

Aunque se han escrito, reescrito y cuestionado muchas correlaciones, existen muchas plantas que solo esperan que nos fijemos en ellas. Cada una de nosotras vive en un lugar único, rodeada de flora única. ¡Ponte a prueba y aléjate de las plantas con propiedades conocidas para ver qué otras cosas puedes descubrir!

7

ELEMENTOS Y
ESPÍRITUS LOCALES

*«Abusamos de la tierra porque la vemos como algo que nos pertenece.
Solo cuando la consideremos como una comunidad a la que pertenecemos,
podremos usarla con amor y respeto».*

—Aldo Leopold

L *a princesa Mononoke*, la película de 1997 de Hayao Miyazaki, es uno de los largometrajes más impactantes sobre el concepto de elementos locales y espíritus de la tierra que se ha creado nunca. Esta obra de fantasía épica se centra en la lucha constante entre la naturaleza y la influencia humana. Si no la has visto, toma nota, porque ahora tienes deberes. La recomiendo mucho a todos mis estudiantes para que entiendan mejor la teoría de los elementos locales y la empatía espiritual.

Los espíritus de la tierra no pertenecen a ninguna cultura en particular. A lo largo de la historia, cada cultura ha tenido algún tipo de creencia sobre los espíritus de la tierra y las criaturas que la habitan. Los nativos americanos, los irlandeses, los nórdicos, las tribus germanas, los indios, los chinos y los japoneses: todos tienen en alta estima a los espíritus de la tierra.

La línea que diferencia a un espíritu de la tierra de otra entidad, como un dios, puede ser difusa. Los espíritus de la tierra también se pueden confundir con criaturas mitológicas como las hadas. Pueden ser dioses de la tierra o dominar los territorios en los que habitan, o pueden tener un vínculo literal con alguna característica en concreto del terreno. Hay espíritus de los bosques, los lagos y los ríos, espíritus de las planicies, las rocas y las montañas.

Cuando un terreno se desarrolla urbanísticamente, los barrios y las ciudades también adquieren sus espíritus. Solo porque una casa se construya en un terreno no significa que ya no forme parte de esa tierra viva. Las estructuras no solo residen dentro del espíritu de la tierra, sino que, con el paso del tiempo, también desarrollan sus propios espíritus.

Comprender la tierra y los espíritus de la naturaleza

Para entender a los espíritus de la tierra, antes debes comprender el territorio y el espacio en el que vives. ¿Qué tipo de terreno había en tu propiedad antes de que se construyera en él? ¿Qué tipo de naturaleza hay ahora? ¿Cuántos árboles te rodean y cuál es su estado de salud? Cuando sales fuera, ¿sientes los espíritus de la naturaleza fluir a tu alrededor con libertad o parecen estancados y perezosos?

Yo vivo en una zona del sur de Florida que antes perteneció a los Everglades. Drenaron y construyeron en gran parte de esta área para que se pudiera desarrollar más hacia el oeste. Los espíritus naturales de la tierra en la que vivo son pantanosos, pero se han adaptado a la cultura urbana en crecimiento. Además, Florida se sitúa sobre una plataforma de piedra caliza. Según un artículo del Departamento de Ecología, Vida Silvestre y Conservación de la Universidad de Florida, durante la última Edad de Hielo, el nivel del mar era mucho más bajo y expuso más la costa de Florida. Gran parte de la tierra expuesta se convirtió en una sabana, es decir, una planicie cubierta de hierba tropical o subtropical con pocos árboles. ¡Hoy en día aún se puede ver! Cada territorio posee una historia única que espera ser descubierta. Investigar los aspectos geológicos de la zona en la que vivimos nos permite comprenderla mejor y conectar con los espíritus que también residen en ella.

Los espíritus de la naturaleza desempeñan un papel que la comprensión y la lógica humanas no pueden abarcar. No existen de un modo intrusivo ni somos conscientes de ellos, pero son muy diligentes. Los espíritus de la naturaleza y la tierra ayudan a proteger el territorio y a las criaturas que residen en él. Cuando la gente habla sobre casas nuevas encantadas, o incluso algunas más viejas, en realidad están lidiando con espíritus de la tierra confundidos. Cuando se construye en una zona sin respetar ni reconocer a otras criaturas, no solo se desplaza a las plantas y los animales, sino también a los espíritus. A veces, estos se quedan en la tierra e intentan reconstruir y proteger lo que pueden. Y otras veces están enfadados, perdidos y confundidos.

Lo mismo ocurre en edificios viejos cuando llegan nuevos propietarios. Una persona puede entrar en una casa antigua y decidir que está «encantada», cuando en realidad los espíritus que residen en ella están confundidos. Estos espíritus pueden sentir que una persona les está usurpando su espacio porque no ha tenido la decencia de presentarse y exponer sus intenciones. Fluir con la harmonía de los espíritus que ya existen en la zona puede resolver algunos problemas de la tierra y las perturbaciones que puedan surgir en los edificios.

Conectar con los espíritus de la tierra

Trabajar y crear una relación con la tierra, la naturaleza y los espíritus de los edificios es una práctica completamente intuitiva. No se llega a un entendimiento de la noche a la mañana, pero cuando trabajamos en reforzar nuestra capacidad intuitiva, cualquier bruja podrá conseguirlo con facilidad, sin importar su nivel de destreza.

Cuando vivía en Montana, una de mis profesoras me enseñó que en cada propiedad había un espíritu encargado de equilibrar al resto. En aquella época, ese era el espíritu de un sauce llorón precioso y antiguo que se hallaba entre el jardín y la casa. Este viejo árbol vigilaba la propiedad y mantenía a salvo a todas las personas, animales, plantas y espíritus que la habitaban. Estoy segura de que este sauce quitaba la negatividad de algunas personas de la propiedad y la filtraba de forma que se pudiera manejar. Gracias a su sabiduría, adquirí mi consciencia espiritual ya de adulta.

En mi casa actual, este espíritu es, de hecho, una piedra caliza que pesa ciento treinta kilos. El jardín que la rodea rebosa con la belleza de la vida, flores y mariposas. El jardín es estable y seguro gracias al espíritu de la piedra que lo conecta todo; él me ha ayudado a protegerme muchas veces. Durante el huracán Irma, el gran roble que se alzaba sobre el tejado de mi dormitorio se rompió y se desplomó. En vez de atravesar el techo, la rama cayó de costado y arañó la ventana; la casa sobrevivió de una sola pieza. En ese momento, noté la energía protectora que rodeaba el espacio.

Cada propiedad tiene un espíritu guardián principal, ya sea un árbol, una roca, un río, un pozo o cualquier otro elemento. Crear una relación con este espíritu es la parte más importante que debes tener en cuenta cuando trabajes con los espíritus locales de la tierra.

ENCUENTRA TU ESPÍRITU GUARDIÁN PRINCIPAL

Cuando estés lista para empezar a establecer esta relación, sal fuera y siéntate de un modo en el que la piel tenga contacto directo con la tierra natural. Cierra los ojos y visualiza la propiedad, como si flotaras sobre ella y miraras hacia abajo. Observa cada elemento como es en realidad: fíjate en los puntos donde los edificios tocan los árboles, donde el sol y la sombra llegan a las plantas y al suelo, donde pueda haber fuerza o debilidad en la misma tierra. Abre tu intuición mientras lo observas todo. ¿Puedes identificar la fuente del espíritu guardián principal?

Cuando puedas identificarlo, preséntate. En tu mente, visualiza el aspecto o sonido de este espíritu. Establecer una asociación con el espíritu te permitirá crear una relación y un vínculo con él. Cuanto más honres y trabajes con este ser, más fuerte será vuestra unión.

Tierra y ancestros

Todas las brujas tienen un lugar de origen. Este lugar une nuestra sangre con la tierra viva y el espíritu de un lugar en concreto. Nuestra magia se concentra con más facilidad en estos sitios y se conecta libremente con los espíritus de la naturaleza. A lo largo de la historia, la gente se ha marchado de su tierra, ya fuera por elección propia o a la fuerza. Los seres humanos son flexibles, se adaptan y tienen visión de futuro. Sin embargo, al igual que las plantas, cuando nos separan de nuestras raíces, empezamos a marchitarnos.

El tema de trabajar con los ancestros suele generar preguntas entre la gente que no sabe de dónde procede exactamente. No todo el mundo disfruta de un linaje en el que se sabe quién es cada persona y de dónde procedía. Aunque hay personas que tienen una biblia familiar que hereda cada generación para llevar un registro de quién nació en cada año, otras personas solo han oído cosas como: «Creo que tu abuela era de...».

Este suele ser un problema sobre todo de Estados Unidos. La gente ha migrado por todo el globo desde distintos lugares, pero no existe otro sitio donde haya tanta mezcla como en los Estados Unidos actuales . Para aquellas personas que no saben de dónde procede su familia, es fácil decir: «Soy estadounidense». Pero ¿qué significa «ser estadounidense» exactamente? ¿Una mezcla de culturas? Una historia oscura construida sobre la espalda de otras culturas. ¿Quizá sea una interpretación más moderna de los inmigrantes que eligen venir en los últimos años?

A medida que la tecnología moderna se ha ido desarrollando, las pruebas genéticas, como las de National Geographic y ancestry.com, ofrecen una solución. Usar estas pruebas es tan sencillo como pagarlas, enviar una muestra de ADN y esperar los resultados. Aunque haya crecido con la suerte de saber de dónde procede mi sangre, hace unos años decidí hacerme una prueba de ADN sobre mis ancestros. Según mi experiencia, la prueba fue muy precisa y me dio los resultados que esperaba, pero, además, especificó cuánto de cada cosa procedía de cada lugar.

Hay que aclarar que, si te haces una prueba de ADN y descubres que eres un uno por ciento o un cinco por ciento de algo, eso no te da rienda suelta para apropiarte de la cultura de esa gente. Las ascendencias que varían entre el uno y el cinco por ciento representan a un antepasado que se aleja entre seis y ocho generaciones de ti. La energía de esa cultura existe en tu sangre, pero no es el factor dominante. Estas culturas deberían tratarse con respeto y veneración a medida que vayas construyendo una relación con el paso del tiempo. En mi caso, hay más de un setenta por ciento de ascendencia irlandesa/escocesa/galesa, con un dos por ciento de española. No sé cuándo ocurrió esto en mi árbol familiar, pero estoy bastante segura de que no soy española y que quizá eso tenga que ver con los galos, que fueron un pueblo celta.

Con los años, la magia ancestral se ha vuelto cada vez más importante en la comunidad mágica. Yo cuento mucho con mis ancestros en mi práctica personal. Este tipo de magia supone mucho más que conectar con los antepasados: es conectarte tú misma con el espíritu, con la sangre, con la energía de tu cuerpo físico y de la tierra. Es decir, esta magia no tiene que ver solo con tus antepasados, sino también con todo lo que les rodea.

Alguien con ascendencia irlandesa tendrá una conexión diferente con la tierra que otra persona con ascendencia nativo americana o rusa. Estos antepasados se conectan con la tierra y los espíritus locales de una forma que vincula nuestra sangre a esa misma tierra y a esos mismos espíritus. Es importante reconocer dónde estás y de dónde procedes cuando trabajas con tus antepasados en su magia. A veces puede parecer una ridiculez si no sabes pronunciar bien los nombres, pero incorporar la lengua materna de tus antepasados a tu magia es una buena práctica. Ellos reconocerán tu espíritu y tus intenciones, pero siempre les resultará más fácil conectar con lo que les sea familiar.

Esto no significa que debamos aprender una lengua extranjera para realizar este tipo de magia, pero puedes aprender alguna que otra palabra e incorporarla a tus hechizos y rituales. La lengua irlandesa moderna es una mezcla tan grande de distintas influencias que estoy bastante segura de que mis antepasados no la entenderían. Pero lo que puedo hacer por ellos es incorporar algunos de los dioses que conocieron, algunas palabras escritas y la música de la tierra. También puedo incluir la misma tierra, los árboles, el agua y la esencia de ese territorio en el que habitaron cuando estuvieron vivos.

Conectar todo esto con nuestra magia es importante sobre todo para los estadounidenses que no tengan una ascendencia nativo americana, que somos la mayoría. Nuestros antepasados no tendrán la misma conexión con este territorio que si fueran nativos. Volver a las raíces de nuestra cultura, aunque no nos criásemos con ella, nos puede ayudar a alcanzar profundidad espiritual y un vínculo entre el espíritu y la carne. Aprender y participar en las tradiciones de tu herencia ancestral fortalecerá la conexión con tu magia ancestral y de sangre.

Magia de sangre

La magia de sangre es una de las cosas más protegidas por aquellas personas que la practican y más rechazadas por quienes no la entienden en la comunidad mágica. Si alguien dice «magia de sangre», a lo mejor piensas en sacrificios o magia sexual, pero te prometo que no es nada de eso. La magia de sangre invoca y evoca el vínculo entre los «cielos» y la tierra, donde el espíritu se junta con la carne. Es la forma de magia más primordial y nuestra herramienta más potente.

La sangre sustenta toda vida y es la creadora de la muerte. Aunque la sangre no crea en realidad la muerte, sí que comprende la dualidad mejor que cualquier otra parte de nuestro cuerpo físico. Recuerda que no eres solo un cuerpo, sino un espíritu dentro de un cuerpo. Cuando esta vida se acabe, ¿qué te quedará? La sangre es una fuente sagrada de magia. No podemos existir sin ella y los problemas en la sangre producen el deterioro de nuestro cuerpo físico, mental y psicológico. Mientras estemos en esta carne, el espíritu se une al cuerpo físico. Es necesario cuidar cada elemento de la vida para poder trabajar libremente con la magia que contiene nuestro ADN.

A lo largo de los años no he dejado de oír una y otra vez que la magia de sangre es «peligrosa» o «malvada». Yo no creo que nada que pueda salir de nuestro cuerpo sea malvado por naturaleza. Tampoco soy de la opinión de que el uso de mi magia me haga más vulnerable a un ataque psíquico o espiritual. Si ese fuera el caso, me preocuparía por la cantidad de pelo que se me cae de forma constante o si toso o estornudo durante un ritual.

Aunque me parece que uso la magia de sangre con más asiduidad y libertad que muchas brujas modernas, hace poco viví la experiencia de poder dedicarme a mi dios en un lugar de importancia espiritual. Fui a una boda en Irlanda con mi pareja y, de camino al lugar, atravesamos las tierras ancestrales de mi familia. En cuanto nos adentramos en ese territorio, noté que la energía de mi interior empezaba a cambiar. Esta fue la primera vez que decidí dedicar mi sangre a mi vocación como bruja.

Llevo practicando mi brujería tradicional irlandesa y estadounidense desde 2001. Mi madre irlandesa practicaba la tradición católica y todo lo que sé lo aprendí de los principios básicos que ella me enseñó. Dieciocho años después, tras muchos viajes a Irlanda, al fin visitaba la tierra que mi familia había habitado durante siglos. En un punto cualquiera en un arcén de una carretera irlandesa, rodeada de unas colinas que seguramente no posean un nombre moderno ni ninguna importancia, me reivindiqué como bruja.

Dos días más tarde, estábamos haciendo las maletas para marcharnos y regresar a Estados Unidos. Disponíamos de unas veinticuatro horas antes del vuelo, que salía a las cuatro de la madrugada, y no teníamos nada planeado para ese día. Durante todo el viaje había sentido la necesidad de ir al mar. Además de visitar Dublín, también fui a Galway e Irlanda del Norte. Acababa de aceptar a Manannán Mac Lir («hijo del mar») como mi dios principal y sentía que estaba intentando decirme algo.

Así pues, con unas cuantas horas a nuestra disposición y un coche de alquiler, convencí a mis compañeros de viaje de que debíamos ir desde Dublín a la Calzada del Gigante, en la costa norte de Irlanda, y regresar para el vuelo de las cuatro de la madrugada. Por suerte, accedieron y llegamos justo cuando el sol empezaba a ponerse. Entre las rocas y en presencia de Manannán Mac Lir, me reivindiqué como bruja. Paseé sola entre las rocas hasta una zona cubierta de un musgo que formaba tanto parte de la tierra como del mar. Me hice un corte pequeño con un alfiler y pronuncié en voz alta:

> *Entre arena y azufre,*
> *Piedra y mar,*
> *Te doy esta sangre,*
> *Para ti y por toda la eternidad.*

No sabía qué esperaba que pasase, pero lo que ocurrió cambió mi forma de ver y practicar mi magia personal. Un gran pájaro pasó volando y se posó a unas rocas de distancia. Produjo un trino muy fuerte, al que respondieron otros pájaros. Hasta ese momento, la calzada estaba en silencio; solo estaba yo y quizá unas cinco personas más (todos fotógrafos). En ese momento, renací.

Si no has encontrado a un dios al que consagrarte o no estás segura sobre cómo encontrar a uno, no te preocupes. Tras dieciocho años trabajando en mi brujería, solo entré en contacto por accidente con el dios al que me he consagrado.

Mi recomendación, si aún estás buscando una deidad, es que cierres los ojos e imagines un lugar en el que te sientas en paz. ¿Dónde te sientes completa? ¿Qué estás haciendo? Para mí, este lugar siempre fue en un bote o en la playa. Tardé dieciocho años en establecer la conexión entre este lugar seguro y el dios que me atraía hacia él.

En cuanto te des cuenta de dónde te sientes más conectada y segura, investiga sobre dioses que encajen en esa descripción. A lo mejor te sientes atraída por los bosques o las montañas. O quizá por las tormentas o los cementerios. Sea lo que sea lo que te complete, ese es el lugar correcto para empezar a buscar. Aunque leer libros sobre mitología y estudiar lo que hacen otras brujas es bueno en teoría, un libro no te puede ofrecer el mismo sentimiento de plenitud que experimentas cuando estableces una conexión con un dios o una diosa.

RITUAL DE MAGIA DE SANGRE

A modo de prefacio para este ritual, me gustaría dejar claro que no estoy fomentando las autolesiones. Si te sientes incómoda usando tu sangre, puedes saltarte las partes que desees. La magia de sangre no tiene que doler y no te estoy animando a que te hagas daño de ninguna forma. A muchos dioses no les importa cómo te consagres a ellos, solo que lo hagas.

En cuanto hayas encontrado un dios, una diosa, un espíritu o un guía con el que trabajar y estés lista para dedicarte a tu magia, reúne lo siguiente:

- Un objeto para realizar un corte pequeño (un cuchillo esterilizado o una lanceta es lo mejor; o, si estás con la regla, puedes usar esta sangre).
- Una vela o un conjunto de velas (a mí me gusta usar una vela cónica para los dioses y diosas, además de cuatro velas votivas: una para los espíritus de la tierra, una para los guías, una para los antepasados y otra para mi espíritu).
- Un mechero.

Enciende la vela o las velas y observa la llama mientras invocas a los espíritus de la tierra, los guías, los ancestros, los dioses y las diosas para que se unan a ti y puedas reivindicar tu derecho como bruja.

Con el objeto punzante, hazte un pequeño corte en la mano, lo suficiente para conseguir una gota de sangre. Echa la sangre en la llama y visualiza tu cuerpo y espíritu alineándose directamente a través de una luz blanca brillante. Mientras tanto, invoca la tierra, llámala y dale las gracias por acompañarte en este viaje. Luego libera los espíritus de la tierra.

Concéntrate en la llama e invoca a tus guías personales y dales las gracias por acompañarte en este viaje. Libéralos y regresa a la llama.

Por último, con toda tu voluntad, invoca tu espíritu a través de tu sangre. Ofrécete a los dioses y diosas que estén presentes contigo. Permite que la presencia de su conocimiento y poder te reconforte. Cuando estés lista, libéralos y dales las gracias por acompañarte.

Deja que la vela se consuma por completo antes de completar el ritual.

8

LOS ORÍGENES
DE LA RUEDA DEL AÑO

«Y por nuestras tradiciones hemos mantenido el equilibrio durante muchos, muchos años. Aquí en Anatevka tenemos tradiciones para todo: cómo comer, cómo dormir, qué ropa usar. Por ejemplo, siempre mantenemos la cabeza cubierta y siempre usamos un pequeño talit. Eso demuestra nuestra constante devoción a Dios. Ustedes se preguntarán: "¿Cuándo comenzó esta tradición?" Y yo les diré: "No lo sé, pero es una tradición. Y por nuestras tradiciones, todos sabemos quiénes somos y lo que Dios espera de nosotros».

—El violinista en el tejado

A lo largo de la historia de la humanidad, la gente ha usado los ciclos y ritmos naturales de la tierra para celebrar la vida y la muerte, el matrimonio y el divorcio, la salud y la enfermedad. Cada estación llega con sus celebraciones únicas y sus propios ciclos en el ritmo del año. Así pues, ¿cuándo empezó a cobrar forma la rueda moderna?

Ninguna cultura en concreto puede reclamar la celebración de cosas como la Luna, el Sol, la estación, la cosecha, el solsticio, el equinoccio, la tormenta o cualquier otra faceta de la naturaleza. Forma parte de nuestras almas celebrar, reconocer y alabar las cosas que nos hacen sentir vivos. Sin embargo, cada cultura posee sus propias tradiciones, valores y conocimiento que convierten cada festival en una celebración única. Con el paso del tiempo, las culturas se han fusionado, perdido, robado, compartido y conquistado, por lo que muchas tradiciones se han creado, perdido y rehecho.

Mucha de la brujería occidental moderna se basa en las enseñanzas y la ideología de Aleister Crowley y la Orden Hermética de la Aurora Dorada. Fundada originalmente por un pequeño grupo de masones durante el siglo XIX, esta orden era una sociedad esotérica y oculta que contaba con centenares de iniciados.

Las bases de la orden recibían una fuerte influencia del misticismo judeocristiano, la cábala, el hermetismo, el antiguo Egipto, la francmasonería y la alquimia, entre otras fuentes. Esta amplia variedad ecléctica de base ayudó a crear una tradición llena de magia ceremonial y ritual. En esta sociedad se extendió una forma de organizar a un grupo mágico y ritual. Estos sistemas fueron los cimientos de lo que conocemos como la Wicca moderna.

Con esto no quiero decir que la Wicca sea una rama de la Aurora Dorada, sino que señalo en términos generales que los fundadores de la Wicca (sobre todo Gerald Gardner) usaron el esqueleto de la Aurora Dorada para crear los métodos de trabajo en grupo que vemos en la brujería de hoy en día. El recordatorio más grande y visible de estos orígenes es la frase «que así sea» (*so mote it be*) que en la actualidad se usa ampliamente por los seguidores del camino recto y las comunidades wiccanas. Pero, de hecho, esta frase tiene un origen francmasón y Gardner la adaptó para la Wicca moderna.

Gerald Gardner también ejerció una fuerte influencia en el renacimiento de los festivales de la rueda moderna del año. A mediados del siglo XX, Gardner adaptó para su aquelarre una rueda que celebraba los solsticios y los equinoccios, así como los cuatro festivales de fuego celtas:

Samaín (noche de invierno escandinava/Halloween/año nuevo
  pagano)
Imbolc (Día de santa Brígida/la Candelaria)
Beltane (víspera de Walpurgis/Walpurgis)
Lugnasad (Frey Fest/Lammas).

En la época de su creación, solo se puso nombre a las cuatro festividades celtas. Los cuatro días de solsticio y equinoccio que quedaban se describían por su estación y función, sin recibir un nombre especial. Aidan Kelly fue quien les puso nombre en la década de los 70 y aún se les conoce de esta forma:

Yule (solsticio de invierno)
Ostara (equinoccio de primavera)
Litha (solsticio de verano)
Mabon (equinoccio de otoño).

Gracias a este trabajo en grupo a la hora de crear y nombrar las festividades de la rueda, ¡tenemos esta mezcla de fiestas con influencia celta y germana que todos conocemos y apreciamos!

9

SAMAÍN

(Desde la una de cosecha hasta la primera semana de noviembre

Noche de invierno escandinava/Halloween/año nuevo pagano

Primer radio de la mitad oscura de la rueda del año moderna).

«Halloween (Samaín) empieza con la primera luna de cosecha que ves en octubre
y acaba la primera semana de noviembre».

—Carole S.

Samaín es el primer festival en la rueda del año. Conocido también como Halloween, la víspera de Todos los Santos y el año nuevo de las brujas, Samaín es el punto medio entre el equinoccio de otoño y el solsticio de invierno. Se compone de varios días (y, en ocasiones, de varias semanas) y se celebra de muchas formas en distintas culturas. Sin embargo, lo que en el paganismo y la Wicca moderna se llama Samaín es una reconstrucción celta de unas prácticas celtas e irlandesas mucho más antiguas.

Samaín se caracteriza por tener un velo más fino, por el respeto a los muertos y la cosecha de plantas. La palabra *Samhain* significa «no-viembre» en irlandés moderno y también en gaélico escocés, pero se ha sugerido que además tiene raíces en el término *fin del verano*. De este modo, *sam*, que se traduciría del antiguo irlandés como «verano», y *fuin*, que significaría «fin», se habrían unido para formar esta palabra popular. Esto, no obstante, solo es una teoría moderna; no existe una etimología clara y decisiva que apoye por completo esta afirmación.

Tradicionalmente, se cree que los celtas dividieron la rueda del año en dos mitades. Estas dos partes (la mitad de luz y la mitad de oscuridad, verano e invierno) se unieron para acoger muchos festivales y festividades, empezando con Samaín. La temporada de Samaín se sitúa en el primer radio de la rueda en la mitad oscura, bien acompañado de Yule, Imbolc y Ostara. También es el primer sabbat mayor celta. Samaín es el gran radio en la rueda que nos hace pasar de los ciclos de nacimiento y crecimiento al ciclo de la muerte.

Aunque mucha gente lo celebra la noche del 31 de octubre, Samaín es el 1 de noviembre. Esta no es una norma absoluta, pues muchos paganos lo celebran al estilo de Halloween, la festividad de cosecha más popular, que abarca del 31 de octubre al 5 de noviembre. Al ser una fiesta en un punto medio, sin embargo, la fecha real de Samaín cambia y se puede calcular al buscar el día que quede en medio del equinoccio de otoño y Yule.

El fino velo

Una de las frases que más se suele oír sobre Halloween y la estación de Samaín es que «el velo se vuelve más fino». Este término se ha vuelto popular en los círculos espirituales y en la cultura popular, pero ¿qué significa? Mucha gente cree que hay un velo que separa nuestro mundo del mundo de los espíritus. Sin embargo, varias veces al año ese velo se vuelve fino. Esto ocurre de un modo notable durante las fiestas más importantes donde recordamos a los seres queridos que han fallecido. En concreto, son Samaín, Yule y cerca de Pésaj y la Pascua cristiana. La Pascua suele caer casi seis meses después Samaín, lo que la convierte en su festividad hermana en la rueda.

Samaín no es el único día en el que el velo es fino, pero sí el periodo de debilitamiento durante el año de la bruja. Esto es importante de muchas maneras distintas para las brujas que quieren manifestar y cambiar sus vidas en el nuevo año. Piensa en el Año Nuevo convencional. ¿Cuánta gente pide deseos, resoluciones y empieza a planear cosas? ¡Casi todo el mundo! El año nuevo de la bruja es una época donde podemos hacer lo mismo y, además, recibir todos los beneficios de un velo más fino.

Mensajes del mundo espiritual

Hay una planta (tóxica) llamada trompeta de ángel. Es un arbusto que echa unas flores que caen hacia abajo y cuelgan como la campana de una trompeta. Esta planta se ha usado a lo largo de la historia como mensajera hacia el mundo espiritual. ¡No hay una época mejor que la víspera de un año nuevo, cuando el velo es fino, para enviar un mensaje a tus antepasados! La trompeta de ángel florece más en otoño, así que es la época perfecta para poner en marcha tus manifestaciones.

La trompeta de ángel tiene un sistema de petición muy sencillo que puede usar casi todo el mundo. Debo recalcar de nuevo que esta planta es tóxica, así que no se puede tocar directamente con la mano. Para enviar un mensaje al mundo espiritual usando esta planta, solo necesitas papel, bolígrafo, una pala y la flor de una trompeta de ángel. Al amanecer o al anochecer, recoge la flor. En el trozo de papel, escribe a quién le haces una petición y por qué. Pliega el papel y déjalo dentro de la flor. Para terminar la petición, entierra la trompeta cuando el sol se ponga o se alce por el horizonte.

Mitología de Samaín

Hay muchos mitos maravillosos irlandeses sobre Samaín, desde *Las aventuras de Nera* a *El cortejo de Emer*. Cabe destacar que hay más de una historia sobre el héroe irlandés Cú Chulainn en la época de Samaín, como *El cortejo de Emer* y *Cú Chulainn en su lecho de enfermo*. Estas historias y epopeyas, aunque ya no se cuentan alrededor de una hoguera, siguen siendo una parte esencial que convierte en únicas estas tradiciones que han sobrevivido al paso del tiempo y que tanto nos unen.

¿Y acaso puede haber una celebración de la cosecha sin dar las gracias? El corazón de Samaín no se asocia con ninguna deidad en particular, sino que engloba a todos los dioses, diosas y otras divinidades para que se unan a nosotras en esta época de velo fino y de conexión más cercana. Sin embargo, hay unos dioses y diosas en concreto a los que les gusta revelar su presencia en esta época del año. No hace falta adorar o reconocer a estas deidades, pero si trabajas con alguna de ellas, es una época estupenda para montar un altar orientado hacia una tarea concreta.

En muchas tradiciones wiccanas, la Diosa cobra la forma de la triple diosa: doncella, madre y la anciana. Es la homóloga del Dios

Astado. La encarnación literal de Samaín es la anciana, ya que es tanto la última como la primera etapa de la triple diosa. Es la última etapa antes de la muerte, pero la primera del matriarcado de la triple diosa, pues es la que posee un papel más experimentado y poderoso. Aunque hay muchas formas para la triple diosa, la que más se asocia con Samaín es Hécate.

Es interesante destacar que Hécate es una diosa griega, aunque también se relaciona mucho con el festival celta de Samaín. En su aspecto de anciana es la diosa del inframundo, pero no se relaciona con Samaín por eso. En *Celebrating the Seasons of Life: Samhain to Ostara*, Ashleen O'Gaea dice lo siguiente: «Los romanos la conocían y la presentaron a los celtas cuando el imperio del César se extendió por Europa occidental y Bretaña».

En esta época del año, Hécate también recibe el título de la Diosa Oscura. La Diosa Oscura es, asimismo, el nombre de la encarnación de la anciana como la triple diosa. Algunas personas las consideran dos deidades separadas, pero yo creo que la Diosa Oscura es Hécate, que no deja de crecer y cambiar, hecha moderna para nuestras vidas modernas. La Diosa Oscura representa misterio, la Luna, el yo interior y la sombra. La temporada de Samaín nos permite dedicar tiempo a apreciar, reconocer y trabajar con nuestra parte lunar.

Rituales de Samaín

Algunos de los recuerdos de mi infancia a los que les tengo más cariño giran en torno a las festividades de otoño y sobre todo de Samaín. Mi madre era una bruja irlandesa tradicional, igual que yo, y Samaín era su festividad favorita (junto con toda la temporada de Yule). Me dijo un aforismo que nunca olvidaré: «Halloween (Samaín) empieza con la primera luna de cosecha que ves en octubre y acaba la primera semana de noviembre». Esto me ha acompañado durante toda mi vida adulta y siempre empiezo mis rituales de Samaín la noche de la primera luna de cosecha que veo en octubre.

Este recuerdo es el primer indicador intuitivo de que tengo que empezar a trabajar con mis antepasados. La escritora Ashleen O'Gaea describe Samaín como una reunión familiar, y adoro esta analogía porque desgrana de una forma sencilla y breve el núcleo del festival: familia, conexión espiritual, dar las gracias, final y comienzo.

Cena muda

En esta época del año, el velo es fino y es más fácil contactar e incluir en nuestra vida cotidiana a nuestros antepasados y a los familiares que hemos perdido hace poco. Una de las tradiciones más habituales de Samaín es la cena muda o una cena con los muertos, una comida que no solo conmemora y recuerda a nuestros seres queridos y antepasados, sino que también sirve para invitarles de vuelta a nuestra vida durante la duración de la cena. Estas cenas se pueden celebrar en cualquier momento del año y por cualquier motivo, pero se suelen celebrar en Samaín. Mi celebración dura varios días y pongo un cubierto ancestral en cada comida que realizaremos; la noche de Samaín preparo todo un banquete.

Hay dos formas de celebrar una cena con los muertos. La más habitual y tradicional es cenar en un silencio total (de ahí el nombre: cena muda o silenciosa). Esto es para mostrar meditación y respeto. Por lo general, se prepara una cena y se deja un cubierto extra en la mesa para los seres queridos que han muerto y los antepasados. La cena se realiza con mucha seriedad y cada persona reflexiona sobre sus recuerdos íntimos con quienes ya no están entre nosotros.

(No te preocupes por si un espíritu errante se une a tu mesa; no existe casi ningún riesgo de que acudan más espíritus en este momento, porque solo has invitado a gente que comparte tu sangre).

La segunda forma de celebrar una cena muda es mi preferida y me refiero a ella con el mote cariñoso de «cena irlandesa». Esta comida no es ni silenciosa ni reflexiva. Cuando celebro mi cena muda, quiero que mis familiares y antepasados se sientan tan queridos y alegres como cuando estuvieron aquí. Esta versión es animada, hay mucha comida, mucho alcohol y se celebra todo lo bueno que tiene estar vivo. Esta cena se compone de tres platos y todo se hace a mano, porque nuestros antepasados no comían bollería industrial y nosotros tampoco deberíamos comerla cuando les invitemos a nuestra casa.

Tres es el número de la doncella, la madre y la anciana, y por eso servir tres platos es un símbolo del espíritu de la estación. Al igual que en Acción de Gracias se sirve pavo y en Navidad jamón, en mi cena muda de Samaín siempre hay un plato de cordero. Intento usar siempre que puedo ingredientes de temporada, locales o de mi jardín, en vez de comida procesada fuera de temporada.

Primer plato: sopa cremosa de calabaza con pan de soda irlandés.

Segundo plato: cordero Wellington con coles de Bruselas o espárragos.

Tercer plato: *eton mess* con frutos rojos[7]

No hace falta que prepares el mismo menú que yo ni que incluyas ninguno de estos ingredientes. Lo importante es que seas lo más auténtica posible a tu linaje y a tu herencia. ¿Alguno de tus familiares fallecidos llevaba una dieta limitada? Respétala si puedes. No es que vayan a

---

7   El *eton mess* es un postre británico tradicional elaborado con merengue seco, nata montada y frutos rojos. (N. de la T.)

comerse la comida de verdad, pero la energía y el esfuerzo que dediques a hacer que tus invitados se sientan cómodos es vital. Solo porque no estén físicamente presentes no significa que no los hayas invitado, y servir comida a la que estuvieran acostumbrados es una muestra de respeto en tu vida y en tu hogar.

Podemos, por supuesto, preparar otros platos para acompañar los favoritos de las personas muertas (y lo hacemos para los familiares vegetarianos). Pero, en general, este es el formato y el menú para cada cena en Samaín que he celebrado (para qué cambiar algo que funciona, ¿eh?).

Los productos lácteos y de origen animal son, por regla general, bastante importantes en el aspecto ancestral de esta celebración. En Samaín, nuestros antepasados sacrificaban ganado para los duros meses de invierno y a menudo sobraban carne y productos lácteos en esta época. Si no tienes ninguna limitación en la dieta, te animo a que seas lo más auténtica posible.

Puedes celebrar una cena muda en solitario, con tu núcleo familiar o en grupo. Hay diferentes formas de poner la mesa para cada situación. En general, si estoy sola para una cena muda, me siento en el extremo de la mesa y pongo cubiertos en los otros asientos, uno para una persona en concreto, mientras que el otro extremo de la mesa lo dedico a todo mi linaje ancestral. Es importante servir estos platos antes que el tuyo, porque eres la última persona viva presente en la mesa.

Si vas a celebrar una cena muda con tu núcleo familiar, puedes sentarte en la parte más larga de la mesa, con tu pareja delante en el otro lado. Deberás dedicar el extremo a mano izquierda a tu familia, mientras que la parte derecha será para la de tu pareja. De esta forma, nuestra familia siempre estará en el lado izquierdo, más cerca de nuestras mentes y corazones, mientras seguimos conectados al resto de la familia.

En cenas grupales, debes seguir el mismo principio expuesto arriba y dejar un plato para tu familia a la izquierda. Eso significará que cualquier

otro cubierto está disponible. El de tu familia puedes adornarlo con objetos y artículos de su agrado, como alcohol, comida, dulces y fotos, si
quieres. El objetivo de esto es atraer el espíritu de tu familia directa para
que se una a la celebración y la conmemoración. Tu linaje es especial;
asegúrate de que se sientan así por tus palabras y actos durante la cena.

SOPA CREMOSA DE CALABAZA

Esta sopa es el entrante que preparo no solo para Samaín, sino para casi
todas las comidas otoñales de mi casa. La encontré en el libro de recetas
de la madre de una amiga. Cada año cambio los ingredientes, porque mi
dieta también cambia, pero en general he mantenido la integridad de la
receta original. Es cremosa y sabrosa y nunca me canso de ella.

Necesitarás una batidora, porque lo trituraremos todo hasta con-
vertirlo en puré. Esta sopa va muy bien con albóndigas de pavo o bolas
de *matzah*, pero para Samaín es mejor tomarla sola. Si quieres ir más allá,
suelo servirla en un cuenco hecho con una calabaza tallada. Experimenta
y ve cómo te gusta resaltar en tu mesa los sabores de la cosecha.

INGREDIENTES

- 2 calabazas medianas
- 2 cucharadas de mantequilla
- 65 gramos de chalotas
- 65 gramos de cebolla
- 3 dientes de ajo picados
- 250 mililitros de caldo de pollo o vegetal
- 60 mililitros de nata para montar (o leche de coco)
- 1 cucharadita de sal
- Una pizca de pimienta negra

- Una pizca de romero en polvo
- Una pizca de salvia en polvo
- Una pizca de pimienta de Jamaica

Precalienta el horno a 200 grados. Cubre una bandeja grande con papel de aluminio, corta la calabaza por la mitad y sitúala bocabajo en la bandeja. Hornea hasta que la calabaza esté tierna; tardará una hora y media. Pon el horno a gratinar, gira la calabaza bocarriba y gratina la parte superior hasta que esté dorada. Saca la calabaza del horno y deja que se enfríe.

Derrite la mantequilla en una sartén a fuego medio y saltea las chalotas, la cebolla y el ajo unos cinco minutos, hasta que adquieran un bonito color dorado. Apártalos del fuego.

En cuanto se haya enfriado la calabaza, quita las pepitas y saca con una cuchara la pulpa. Deberías tener un kilo y medio de calabaza.

Añade las chalotas, la cebolla y el ajo a una batidora y tritura hasta que quede fino. Tampoco te pases, que habrá que triturar más en el resto del proceso. Añade la calabaza y vuelve a triturar. Luego añade el caldo y mezcla bien (a lo mejor tienes que procesar las verduras y el caldo en tandas, según el tamaño de tu batidora).

Pon la calabaza triturada en una gran olla y añade la nata. Calienta a fuego medio y mezcla bien. Añade la sal, la pimienta negra, el romero, la salvia y la pimienta de Jamaica y remueve.

Deja que la sopa hierva un poco y cocínala tapada (pero dejando un hueco abierto) entre 10 y 15 minutos.

Apártala del fuego y sirve.

RITUAL DE LA COSECHA

Si tienes el espacio, el tiempo y los medios suficientes, te recomiendo que al menos coseches una cosa para tu mesa de Samaín, ya sea calabaza, ajo, hierbas u otra planta. Esto permitirá que la energía de la tierra cambiante entre en tu hogar y en tu cuerpo de un modo que no conseguirías si no te esforzaras en plantar, cuidar y cosechar una planta tú misma. Esto no es obligatorio, pero resulta satisfactorio comer algo que has plantado con tus propias manos.

Cuando plantes las semillas, siembra con la intención de conectar. Estarás cuidando y alimentando esas plantas durante semanas, hecho que fortalecerá tu conexión con el espíritu de la tierra, el espíritu de tus ancestros y el tuyo propio. Cuando las riegues y las cuides, háblales como si les hablaras a tus seres queridos. Los mensajes llegarán y todas tus conversaciones estarán presentes en la mesa de Samaín.

Cuando estés lista para cosechar, coge las cizallas y prepara una ofrenda para la tierra. Esto puede ser desde hacer un *mandala* con restos de la cosecha, recoger basura en la zona, añadir compostaje u otros componentes ricos en nutrientes o traer agua limpia. Cuando el sol se alce, sal fuera y deja tu ofrenda. Antes de cortar la cepa, da gracias a la tierra, al sol, al cielo, a la lluvia y al espíritu por proporcionarte esa cosecha.

Di «gracias» en voz alta y siente cómo las palabras irradian de tu espíritu interior hacia la naturaleza. Esta también es una época ideal para reflexionar si te apetece y meditar con estos espíritus y elementos. La tierra en la que vivimos y los espíritus que la habitan a nuestro lado forman parte de nuestra vida más inmediata. Al estar con ellos y mostrar gratitud, fortalecemos nuestros vínculos con el entorno espiritual.

10

YULE

(Habitualmente del 21 de diciembre al 1 de enero

Solsticio de invierno

Segundo radio en la mitad oscura de la rueda del año moderna)

«Si no tuviéramos invierno, la primavera no sería tan agradable: si no saboreásemos la adversidad a veces, no agradeceríamos tanto la prosperidad».

—Anne Bradstreet

E n el principio, había oscuridad. Antes de la llegada de la luz, antes de los días y las noches, los solsticios y los equinoccios, solo había oscuridad. Nacemos de la oscuridad y regresamos a ella al morir. Esta oscuridad forma parte de nosotros igual que nosotros formamos parte de ella; notamos mucho su presencia en este radio de la rueda del año.

La primera «cosecha oscura» de la rueda es Samaín, señalada por el velo fino, la veneración a los muertos y la cosecha de plantas y ganado. Yule, la segunda «cosecha oscura», se caracteriza por estos mismos elementos y por otros más luminosos. Yule, un festival de origen germánico (también conocido como solsticio de invierno), es el segundo radio en la mitad oscura de la rueda del año moderna. Es una fiesta popular y cultural muy rica que tiene raíces en casi todas las culturas. La idea de Yule invoca tanto la luz como la oscuridad. Desde el acebo hasta las guirnaldas, coronas, galletas, luces y troncos de Navidad, las raíces paganas de esta temporada siguen activas en parte de nuestra vida seglar y espiritual.

Lo interesante es que Yule no siempre ha sido sinónimo directo de solsticio de invierno y se hablaba de él como si fuera una época por derecho propio. De hecho, deberíamos empezar a celebrar la temporada de Yule la primera semana de diciembre, cuando comienzan otras fiestas paganas y espirituales. Estos días festivos nos conducen a la gran celebración, así que lo justo sería comenzar ahí.

Casi todas las culturas tienen una festividad en torno al solsticio de invierno, así que este día en concreto no es específico de las culturas celtas ni tampoco pertenece a los paganos. Casi todas las prácticas espirituales pueden apreciar la importancia del día más oscuro del año, el descenso necesario para llegar hasta él y el renacimiento que ocurrirá en el año nuevo.

Cuando examinamos los orígenes de Yule, descubrimos una historia interesante y un tanto confusa. La palabra *Yule* es de origen inglés y deriva de *geol,* que se traduce como *Navidad.* Esta palabra en inglés antiguo se cree que deriva de *Jól,* en noruego antiguo, que era el festival pagano para el solsticio de invierno. La primera vez que aparece la palabra *Yule* en su forma más moderna fue en el siglo XV. Sin embargo, lo que sabemos a ciencia cierta al ver esta etimología tosca es que el Yule moderno (que ahora es una fiesta tradicional con influencias inglesas y anglicanas) tiene sus raíces en las prácticas y las leyendas germánicas etenistas y nórdicas. Incluso con esta interesante dicotomía sobre el origen de Yule, muchos paganos modernos celebran un Yule influenciado por la Wicca, que se basa en la versión inglesa del festival.

Yule pagano versus Jól etenista

Antes de profundizar en las diferencias entre Yule y Jól, quiero explicar el motivo de la diferencia entre pagano y etenista en este contexto. *Pagano* es un término paraguas usado para describir las creencias y prácticas ajenas a las tradiciones abrahámicas aceptadas. Las creencias paganas incluyen prácticas como la Wicca, el druidismo y el helenismo. La palabra *pagano* no se utiliza necesariamente para describir creencias asiáticas o indígenas, pues a menudo rechazan este término. La palabra *etenismo* hace referencia en concreto al paganismo germánico, a Vanatru, al paganismo nórdico, al paganismo sajón y a la tradición norteña. El etenismo recibe una influencia específica de los pueblos germanos, nórdicos, escandinavos y, a veces, anglosajones.

Así pues, ¿en qué se diferencian Yule y Jól? A simple vista, lo más destacable son las fechas. Tanto el Yule pagano como el etenista ocurren en el mes de diciembre; sin embargo, el Yule pagano es el mismo día del solsticio de invierno, mientras que el Yule etenista comienza aproximadamente el 20 de diciembre y acaba el 31 de diciembre. Si esto te recuerda a los doce días modernos de la Navidad, es porque lo son.

Las fechas no son las únicas diferencias. Los días de los festivales también pueden variar. El Yule moderno de la rueda del año siempre se da en el solsticio de invierno, pero se puede celebrar desde la víspera hasta la mañana posterior. El Yule antiguo etenista se celebraba desde aproximadamente finales de diciembre hasta principios de enero. No había una fecha fija para esta celebración, pero solía ocurrir cerca del solsticio de invierno.

No obstante, una de las diferencias clave es el reconocimiento de los muertos en el Yule etenista. Yule es la época más oscura del año, una época en la que el velo entre los muertos y los vivos es muy fino. Para una persona no practicante, puede sonar parecido a Samaín, pero su esencia difiere mucho en tono e intención. La tierra está oscura, fría y, en apariencia, muerta. Es la hora de la cacería salvaje, pero también es el momento de celebrar a nuestras amistades, familias y seres queridos. Es una época de reflexión y de descansar del trabajo.

En las celebraciones de Yule modernas, se pone una atención especial en el renacimiento del sol. Yule es el punto de inflexión, desde la noche más oscura del año hasta el renacimiento del sol y todas sus bendiciones. No es una época sombría ni celebra o reconoce a los muertos. Esta versión de Yule rebosa con la promesa de la nueva vida y el potencial de la alegría. En la Wicca sobre todo, Yule es una de las dos épocas del año en la que el Rey del Acebo y el Rey del Roble pelean. En Yule, gana el Rey del Roble, pero esto cambiará cuando llegue Litha y se dé de nuevo la batalla entre la luz y la oscuridad.

Costumbres y tradiciones de Yule

Como el espíritu de Yule no pertenece en realidad a ninguna cultura, religión o práctica, recibimos la bendición de tener una abundancia de mitos festivos. Aunque habrá quien diga que algunas prácticas tienen un origen concreto, creo que nuestros antepasados nómadas europeos compartían muchas de sus creencias, con lo que nos dieron un enfoque amplio y casi uniforme sobre la temporada del solsticio de invierno.

En su libro *Religious Holidays and Calendars*, la editora Karen Bellenir escribe lo siguiente::

> En muchas tradiciones paganas, el concepto de renacimiento se expresa a través del nacimiento de un niño divino. La celebración puede incluir una vigilia en la víspera de Yule como forma de anticipar el nacimiento. El niño nacido en Yule recibe distintos nombres en distintas leyendas. En la mitología egipcia, el niño es Horus; en la grecorromana es Apolo; en la nórdica es Balder; en la fenicia es Baal y en la celta es Bel.

Me resulta interesante que este libro trace una conexión entre el concepto cristiano de Navidad, el nacimiento del niño divino Jesús y el nacimiento de muchos dioses paganos.

Desde los reyes del Abeto y del Roble hasta la diosa Perchta y el Krampus, ninguna temporada de festivales ha invocado tanto miedo y tanta alegría a la vez. Sin embargo, no cabe duda de que el mito de Yule más extendido es el de la cacería salvaje. Se transmitió tanto en el folclore que transcendió a la antigua Europa y renació en la tradición navideña moderna.

Odín y la cacería salvaje

La cacería salvaje es uno de los mitos de Yule más conocidos e incomprendidos. Se cree que la cacería salvaje tenía orígenes germánicos, pero existen diversas versiones por Europa y cada una tiene su giro particular.

En esencia, la cacería salvaje es una horda procesional de espíritus, en general liderados por Odín, que atraviesan el cielo nocturno. Odín, montado sobre Sleipnir, su corcel de ocho patas, dirigiría la horda y, a su paso, se oía el retumbar de las pezuñas, los fuertes vientos y los aullidos de los perros. En algunas versiones del mito, la horda cogía las almas de los pecadores; en otras, recolectaban viajeros extraviados y los dejaban a kilómetros de distancia del punto de recogida.

Con el paso del tiempo, la cacería salvaje se volvió menos salvaje. Se cree que el mito de Papá Noel guarda una relación directa con Odín. Esto está respaldado por los ocho renos de Papá Noel comparados con Sleipnir, que tenía ocho patas. Tanto Papá Noel como Odín repartían regalos y los dos tenían elfos/enanos que podían hacer cosas por ellos.

Tradiciones de Yule

Hogueras y velas, bastones de caramelo y nieve... Ya ha llegado Yule. Cada cultura posee sus propias tradiciones que se celebran durante todo Yule y muchas tienen su origen en tradiciones más antiguas y sagradas del paganismo o el folclore. Desde los árboles y los troncos de Navidad, hasta las galletas, el muérdago, los villancicos y las celebraciones, no escasean las formas de anunciar el fin del año y la víspera del nacimiento de uno nuevo.

Una de mis tradiciones favoritas es la del muérdago. Todo el mundo conoce lo de besar a alguien debajo del muérdago, pero lo que probablemente no se sabe es que el muérdago se lleva usando miles de años. Los griegos y los romanos lo empleaban para preparar medicinas y lo trataban todo con él, desde el dolor menstrual hasta la epilepsia y el veneno.

Sin embargo, los celtas asociaban el muérdago con el romance. Es una de las pocas plantas que puede florecer durante los fríos meses invernales y los druidas lo vieron como una señal. Durante el siglo I, los druidas celtas creyeron que el florecimiento del muérdago congelado durante los duros meses de invierno era un símbolo secreto de virilidad y fertilidad.

Los nórdicos también tienen un folclore asociado al muérdago. Según la mitología, se profetizó que Baldr, el hijo de Odín, moriría. Su madre, Frigg, acudió a todas las plantas y animales del mundo para que jurasen que no le harían daño. Pasó por alto al muérdago y no habló con él, así que Loki, el dios travieso cambiaformas, hizo una flecha con muérdago que se usó para matarlo.

El muérdago pasó de ser planta sagrada a decoración laica poco después del siglo XVIII y los paganos conversos lo incorporaron a las celebraciones navideñas. En cualquier caso, el muérdago es una planta animada que nos recuerda que debemos buscar la vida en medio de la muerte del invierno.

ESFERAS MÁGICAS

Las esferas mágicas son herramientas de cristal que las brujas usan para protegerse contra espíritus malignos y enfermedades. Durante la temporada de Yule, muchas tiendas tienen ornamentos de cristal transparente que son perfectos para crear tu propia esfera mágica. Hay muchas formas de hacerlo, pero todas las esferas tienen el mismo propósito. En tradiciones folclóricas, se usaban para proteger el hogar y el jardín de los espíritus malignos o el mal de ojo.

En *Traditional Witchcraft*, Gemma Gary escribe lo siguiente:

> Estos «adornos» enormes de cristal espejado se suelen llenar con
> hierbas protectoras y se cuelgan en una ventana. Hay dos formas de
> entender su funcionamiento. Algunas personas dicen que sirven para
> desviar o repeler una maldición o un espíritu maligno que intenta
> entrar en tu hogar, mientras que otras dicen que los espíritus malignos
> se sienten atraídos por la superficie reflectante y se quedan ahí hasta
> que la luz del sol matutino los destruye o desaparecen cuando se quita
> el polvo de la esfera.

Crear esferas mágicas durante Yule es uno de los proyectos más frugales de bricolaje que se pueden hacer (brujas del *low cost*, ¡alegraos!). Solo necesitas unos adornos de cristal transparente, hierbas, cristales si quieres y cualquier otra herramienta mágica pequeña que desees.

Las esferas mágicas tradicionales se suelen colgar en una ventana, dejar en un altar o enterrar en un jardín. Las esferas modernas se pueden hacer para una amplia variedad de propósitos, como comunicación, prosperidad o salud, y se pueden colocar en cualquier sitio en el que puedan cargarse de energía para ese propósito. También he visto esferas en jardines o en entradas para fomentar la fertilidad de la tierra y proteger el hogar.

Crear estas esferas es un buen ejercicio para trabajar la intuición. Dispón todos los materiales en un altar o una mesa delante de ti y canaliza la energía de la esfera. Si vas a hacer una específica para protección, a mí me gusta añadir un poco de polvo de cascarilla. Como es blanco, se parece a la nieve y encaja muy bien con Yule. Cuando hayas añadido todos los ingredientes en la esfera, séllala.

Hay dos formas de sellar la esfera: con cera o con silicona caliente. Para la cera, funde un poco de la cera para sellos, moja la punta del adorno en la cera y cubre todas las partes metálicas hasta que toque el cristal. Déjala enfriar. También puedes usar una pistola de silicona para aplicar la silicona en la tapa y el borde de la esfera con cuidado de que no caiga nada dentro. Pon la tapa y sujétala hasta que se seque la silicona. Añade un lazo o una cuerda para colgarla y ya tendrás lista tu esfera mágica.

II

IMBOLC

(31 de enero – 2 de febrero

Día de santa Brígida/la Candelaria

Tercer radio en la mitad oscura de la rueda del año moderna)

«Si el día de la Candelaria sale soleado, el invierno perdurará; si el día de la Candelaria viene con lluvia, el invierno habrá pasado y no regresará».

—Proverbio

I mbolc es el primer festival de fuego en la mitad oscura de la rueda. Es un festival donde empezamos a ver la luz del fuego regresando a la tierra, a medida que el sol empieza a adentrarse de un modo notable hacia la primavera. Imbolc es uno de los cuatro festivales celtas de fuego (Samaín, Imbolc, Beltane y Lugnasad), que celebra el regreso de la luz tras la oscuridad del invierno. También es la época en la que la diosa pasa de ser la anciana a la doncella.

En cuestiones mágicas, Imbolc no solo se asocia con el Sol y el fuego, sino también con la vida, el agua y la adivinación. Es el punto medio entre el solsticio de invierno y el equinoccio de primavera. Sin embargo, el festival se celebra a lo largo de varios días y no es una época tan sensible como Samaín. De origen celta, se creía que Imbolc se celebraba el 1 de febrero. No obstante, se ha trasladado al 2 de febrero, pues se junta con la Candelaria, una celebración de la Iglesia católica. En la actualidad, el festival de Imbolc comienza el día conocido como la víspera de febrero, el 31 de enero, y prosigue hasta el 2 de febrero.

La etimología de Imbolc es un poco complicada de entender a pesar de su aparente simplicidad. La raíz de Imbolc es una palabra irlandesa que se podría traducir como «en el vientre». Otras fuentes creen que la palabra se originó a partir de un vocablo medieval más antiguo, *oimelc*, que se traduce como «leche de oveja». Ambas traducciones se refieren a las ovejas, pues en esta época del año se quedan embarazadas. Dado que es una celebración de la fertilidad, no debería sorprendernos que el nombre y los orígenes reflejen ese aspecto. Es interesante ver que, aunque atribuimos a los celtas la celebración de Imbolc, se cree que los irlandeses que no eran de origen celta lo celebraron primero.

Día de santa Brígida

En la actualidad, los irlandeses aún celebran Imbolc cada año, en un día que se conoce como la festividad de santa Brígida o el Día de Santa Brígida. Esta jornada se convirtió en una fiesta cristiana en honor a la patrona irlandesa, santa Brígida de Kildare, aunque conserva alguno de sus orígenes paganos.

Brígida nació en el condado de Kildare, Irlanda, en el año 450. Se cree que su madre fue Brocca, una esclava picta que se convirtió al cristianismo después de que san Patricio la bautizara. El padre de Brígida era un líder de Leinster, pero esto no impidió que naciera como esclava. A Brígida se le atribuye la transformación de varios templos druidas en monasterios cristianos en Irlanda. E hizo varios milagros a lo largo de su vida que le valieron la santidad, como convertir agua en cerveza y curar a dos hermanas mudas al tocarlas con su sangre tras sufrir una herida (al parecer, para ser una santa en Irlanda hay que convertir el agua en cerveza).

En el sentido popular, Imbolc se asocia más con la diosa Brígida. Esto se refleja sobre todo en los últimos años, pues la Iglesia católica lo convirtió en lo que ahora se conoce como la festividad de santa Brígida. La diosa Brígida fue muy importante para el pueblo celta durante la última fase del invierno. Brígida no solo era la diosa del parto y de los sanadores, sino también la del hogar y el fuego. Durante Imbolc, se cree que su luz ayudará a expulsar la oscuridad del invierno y a rejuvenecer la tierra con la calidez y la luz del sol.

A medida que el festival cobró popularidad por las islas británicas, las tradiciones como hacer cruces y muñecas de santa Brígida también se volvieron populares. La cruz de santa Brígida, una tradición irlandesa, se componía de tres o cuatro brazos y estaba hecha de juncos entretejidos. Estas cruces se colgaban sobre las puertas y las ventanas para proteger el hogar y dar la bienvenida a la diosa Brígida.

Muchos académicos debaten si santa Brígida fue una persona real o si fue una cristianización de la diosa celta Brígida. Hay quien cree que el solapamiento entre la persona y la diosa ocurrió después de su muerte, con lo que fue más fácil convertir a la población pagana de Irlanda.

Frigga, diosas y dioses

Para mucha gente, Brígida encarna Imbolc. Sin embargo, para gran parte de los etenistas es Frigga quien predomina en esta fiesta. Si lo pensamos desde una perspectiva laica, el inicio de febrero trae amor, pasión (que puede convertirse en descendencia) y mucho tiempo dentro de casa para escapar del frío. Frigga era una diosa polifacética, pero se la conocía sobre todo por ser la esposa de Odín, la reina de Aesir, la diosa de la fertilidad, del matrimonio y el hogar. En esencia, todas las especialidades de Frigga también son temas de Imbolc.

Aunque las deidades más populares para las celebraciones de Imbolc son las diosas Brígida y Frigga, es una época del año para cualquier dios y diosa del amor y la fertilidad. Imbolc trae consigo los primeros pensamientos sobre la fertilidad de la tierra y la posibilidad de la primavera en el horizonte. Igual que la cultura laica celebra el amor durante esta época, a los dioses también les apetece celebrarlo.

Para la celebración concreta de Imbolc, aparte del generalizado «Dios y Diosa» y de la diosa Brígida, no hay otros dioses que destaquen. Hay otras fiestas que se pueden asociar con Imbolc y puede que hasta se solapen de alguna forma, pero el origen de Imbolc es puramente celta, por lo que se centra en deshacerse del frío y la oscuridad del invierno y dar la bienvenida a la luz y la fertilidad del sol que da vida.

Festival de recuperación y renovación

Imbolc es la época perfecta para renovar tu devoción por la magia y por tus dioses. Aunque el año de la bruja empieza en otoño con Samaín, muchas no comenzamos nuestro camino ese día. Y si eres como yo, seguramente no apuntaste en el calendario la primera vez que leíste un libro sobre la Wicca, el paganismo o la brujería y decidiste: «Eh, quizá esto sea para mí». Aunque sé que empecé allá por 2001, me costaría recordar la fecha concreta del aniversario.

Establecer este ritual de aniversario cerca de Imbolc me resultó bastante natural. Cuando empecé todo esto, vivía en el noroeste de Montana. El invierno solía ser largo y duro y me ofrecía mucho tiempo para reflexionar sobre mí misma, mis prácticas y el futuro. Durante esta época del año, muchos lugares en el hemisferio norte están a punto de entrar en la primavera. ¡La luz regresa tras meses de fría oscuridad! La tierra vuelve a rebosar con magia y la posibilidad de una nueva vida. Es una época especial donde podemos encarnar esta luz y dedicar un momento a apreciarla en nuestro interior y en nuestra magia. Este pequeño ritual es para todo el mundo, porque da igual si te iniciaste en un aquelarre o si practicas en solitario: hubo un momento en tu vida en el que te comprometiste personalmente a seguir este camino.

Al recordar esa época en la que empecé a hacer este ritual en solitario (y a veces en grupo), mentiría si dijera que ya lo sabía todo. Lo más importante mientras lo haces es recordar el compromiso contigo misma. Ese compromiso, que hicimos como paganas y brujas antes de encontrar a un dios o una diosa, es el más importante. Además, si ves que prefieres no seguirlo a rajatabla, ¡puedes cambiarlo para que encaje mejor contigo! Leer cómo otras personas empezaron sus rituales es una buena base para fomentar nuestro ritual. Si algo que he escrito no funciona para ti, reemplázalo con algo que te vaya mejor.

Sin embargo, llega un punto en el que las brujas principiantes se dan cuenta de que ya no quieren o no pueden permanecer como una isla solitaria para seguir creciendo de forma espiritual. En un momento dado, todas nos expandimos al menos un poco. Si deseas hacer hechizos y rituales orientados a un grupo, puede que encontrar un aquelarre sea la siguiente fase en tu viaje. Aprendí que la mejor forma de conocer más brujas es ir a lugares donde se suelen reunir: la tienda de magia o esoterismo de tu zona, una tienda de cristales, círculos de percusión o conciertos. Cuando llegues, ¡diversifícate! Habla con gente e intenta involucrarte de verdad. En algunas tiendas hay listas de eventos que se organizan allí. Si asistes a estos eventos y creas una red de contactos, pronto descubrirás una forma de crear relaciones duraderas y significativas.

RITUAL DE AUTOINICIACIÓN Y RENOVACIÓN

A medida que la tierra da la bienvenida a la luz de la vida, aprovecharemos las señales que nos da la naturaleza para acoger esa misma energía en nuestra vida y nuestro hogar. Unos días antes de Imbolc, monta un altar para esta ceremonia, ya sea en el interior, en una ventana que dé al este, o en el exterior. Reúne los siguientes objetos:

- 2 velas rojas
- 2 velas naranjas
- 2 velas blancas
- Un caldero
- Sal
- Alcohol desinfectante
- Flores frescas
- Tu comida o bebida favorita
- Una libreta y un bolígrafo
- Varias velas pequeñas sin aroma

Dispón las velas principales en un semicírculo. En el centro del arco de velas, coloca el caldero, la sal y el alcohol. Luego distribuye las flores, la comida o la bebida como ofrendas, de una forma que te resulte agradable. No hace falta que pongas las velas pequeñas en el altar, pero tenlas cerca. Las usarás durante el ritual.

A mí me gusta dedicar el primer día de Imbolc a venerar a mis dioses, el segundo día a recordar mi camino y el tercero a la celebración. Según la tradición, este ritual debería realizarse el 1 de febrero, ya sea cuando amanece o cuando el sol está en lo alto del cielo.

Enciende una de las velas pequeñas en cada habitación de la casa, sin contar los pasillos. Empieza por la que está más al este y pon la vela en un lugar seguro. Repite este proceso en el sentido de las agujas del reloj por toda la casa; así darás la bienvenida y atraerás, de un modo literal, la luz del sol y sus bendiciones.

Cuando hayas completado el recorrido del reloj, es hora de trabajar en el altar. Este no es un ritual de petición o uno que involucre a dioses o antepasados, pero si tu intuición te dicta que los incluyas, hazlo. Al fin y al cabo, estás eligiendo compartir tu vida espiritual con ellos.

Enciende las velas del semicírculo del altar, de izquierda a derecha, mientras repites esta frase:

De la oscuridad a la luz,
Y de la luz a la noche,
Renueva y restablece,
Y así, me entrego.

En cuanto hayas encendido todas las velas, prepara el fuego eterno que existe en todos nuestros corazones. Vierte la sal en el caldero hasta cubrir unos centímetros. Echa alcohol hasta saturar la sal.

Aguarda un momento. Cuando estés lista, coge una de las velas y, con cuidado, lleva la llama a la sal del caldero. Esto prenderá en el alcohol y creará un fuego pequeño.

Mientras el fuego arde, visualiza tus intenciones y tu dedicación a la magia. ¿Qué te atrajo a este camino? ¿Qué te mantiene aquí? ¿Cómo puedes seguir creciendo a lo largo del año?

Saca la libreta y el bolígrafo y escribe declaraciones afirmativas del tipo «Haré...». A medida que el año avance, podrás recordar los objetivos de los años anteriores y ver cuántos fuiste capaz de cumplir (el año pasado, yo apunté «Escribiré un libro»).

Cuando hayas terminado de escribir, mira el fuego y concentra tu energía. Lee cada una de las declaraciones en voz alta tres veces. La primera vez, las leerás para ti misma. La segunda, para tu yo en la sombra. La tercera y última vez, las leerás para tu espíritu. Deja que las palabras vayan adentrándose en cada uno de los niveles de tu consciencia para manifestar la voluntad y el deseo que tienes de crear cambio.

Cuando vayas a terminar el ritual, concéntrate en la comida o la bebida que trajiste como ofrenda. Esta vez, la ofrenda es para ti misma. Participa en este lujo, a sabiendas de que, al recibir esta ofrenda, estás sellando el pacto de enfrentarte directamente al año próximo y de perseguir tus objetivos.

12

OSTARA

(21-22 de marzo

Equinoccio de primavera

Cuarto radio en la mitad oscura de la rueda del año moderna)

«Podrán cortar todas las flores, pero no podrán detener la primavera».

—Pablo Neruda

La luz y la oscuridad se encuentran en el medio dos veces al año. Ostara es el equinoccio de primavera, lo que significa que la noche y el día duran lo mismo. *Equinoccio* proviene del latín *aequus*, «igual», y *nox*, «noche».

Se cree que sus orígenes son romanos, y por eso Ostara precede a la Wicca y a la cristiandad. Se dice que César estableció esta festividad para señalar el comienzo del año solar. Y, a diferencia de la creencia popular, aunque Pascua comparte muchas similitudes con Ostara, no son lo mismo. Pascua se celebra el primer domingo tras la primera luna llena después del equinoccio de primavera. Por eso se puede celebrar a finales de marzo o a principios de abril. En general, la celebración religiosa de Pascua no tiene nada que ver con las tradiciones laicas con los huevos, los conejos y el chocolate que son tan populares durante la primavera actual.

Hay una variación de Ostara que aparece en todo el mundo. El equinoccio de primavera simboliza el renacimiento, la renovación y la resurrección, pues es el último festival de la mitad oscura de la rueda. Las temperaturas más cálidas también incrementan la fertilidad y es una buena época para plantar las semillas de la magia del amor. Si echas un vistazo al exterior, te darás cuenta de que la tierra es fértil y está cargada con la posibilidad de una nueva vida a punto de surgir del suelo. Algunas tradiciones wiccanas afirman que la Diosa y el Dios se casaron en Ostara.

A lo largo de la historia europea, e incluso en parte de la historia universal, era habitual dar ganado a una pareja para fomentar y favorecer la fertilidad de su unión.

Dioses y diosas de Ostara

¡La primavera trae con ella una abundancia de dioses y diosas que salen del invierno y rejuvenecen la tierra con vida! Existen muchos dioses venerados en muchas culturas, pero estos son los más populares:

Eostre: Ostara se llamó así por la diosa anglosajona de la primavera, Seostara o Eostre. A pesar de que la festividad moderna recibe su nombre, se sabe poco sobre esta diosa.

Pan: con Ostara llega el regreso del Dios Cuernudo con una nueva forma: Pan, un dios de la naturaleza y lo salvaje. Trae la primavera con sus canciones y despierta a los animales dormidos.

Triple diosa: al estudiar los dioses y diosas de Ostara, solemos ver varios aspectos de la gran triple diosa que cobra la forma de la doncella. Esto es cierto en cualquier diosa triple y no se delega a una en concreto.

Perséfone (Kore): en la mitología griega, Perséfone también está vinculada a Eostre, ya que las flores y los pájaros empiezan a regresar de su descanso invernal. Asimismo, podemos encontrar también a Deméter, que cuida de su hija Perséfone tras el periodo que ha pasado en el inframundo.

Limpieza primaveral

No es ninguna coincidencia que exista la tradición de limpiar en primavera. Como es el último radio de la mitad oscura del año, Ostara está en el borde de una nueva estación de la vida natural. No solo acumulamos polvo en los espacios físicos, sino también en los mentales. En primavera, y en Ostara en concreto, es cuando nos cuidamos y restablecemos el equilibrio en el espacio físico y espiritual.

Mucha gente conoce la teoría de Marie Kondo de no acumular cosas y limpiar nuestras vidas. Esta es una práctica física que afecta profundamente a nuestro bienestar espiritual. Limpiar, ordenar y tirar cosas no solo nos permite respirar, sino también decidir a qué dedicar nuestra energía diaria. Debemos tomar la decisión de mantener muchas cosas o menos. Cuando tenemos una amplia cantidad de objetos en nuestras vidas, el desorden físico es un reflejo directo del desorden interno que podemos tener.

Esto lo digo con toda la amabilidad del mundo, pues yo también acumulo cosas, y lo digo con bastante confianza: si acumulas cosas en tu espacio, es muy posible que haya algún aspecto en tu vida espiritual o física en el que también se acumulen. Es uno de esos conceptos básicos que aparece en casi cualquier libro de autoayuda, pero es cierto. ¿Controlamos nuestras pertenencias o ellas nos controlan a nosotros?

Si crees que la situación se ha descontrolado, no te preocupes. Puedes seguir el siguiente proceso de limpieza. Y recuerda: no estás tirando cosas solo por tirarlas, sino para crecer espiritualmente y que la energía fluya en tu espacio.

RITUAL DE LIMPIEZA PRIMAVERAL

Soy la primera en admitir que acumulo cosas. He intentado casi cada «truco» que existe para organizarme y, aun así, me encuentro en un mar caótico casi todos los días. ¿Te suena? Si la respuesta es sí, este ritual es para ti. Necesitarás:

- **Una vela votiva**
- **Bolsas grandes de basura**
- **Una escoba**
- **Una fregona**
- **Agua de Florida**
- **Sal**
- **Unas cuantas horas libres.**

Empieza encendiendo la vela y colocándola en tu altar habitual. Pide a los poderes supremos que te den paz para empezar esta tarea. Deja que la vela arda todo lo que puedas y, a ser posible, deja que se consuma.

Dedica unos momentos a centrarte meditando. Reflexiona sobre qué zona de tu mundo físico te estresa más. Cuando te sientas unida a la tierra, coge las bolsas de basura y dirígete a esa zona.

Pon todo (excepto los muebles y los objetos que sean imprescindibles para tu funcionamiento diario) en las bolsas y guárdalas en un armario o una habitación cerrada.

Coge la escoba y barre en el sentido de las agujas del reloj para sacar el polvo y echarlo por la puerta principal.

Luego prepara la fregona. Echa una pizca de sal y una cantidad generosa de hierbas purificadoras o agua de Florida en un cubo con agua fría. Friega el suelo en el sentido contrario a las aguas del reloj. Deja que el suelo se seque por completo antes de pisarlo.

No saques las bolsas llenas de cosas hasta que la vela se haya consumido (o espera siete días antes de volver a ellas). Esto te permitirá percibir la claridad y el espacio y empezar desde cero.

Huevos en Pascua

Pintar huevos de Pascua es una tradición laica popular en la que seguro que has participado alguna vez en tu vida. En la Edad Media, los europeos empezaron a decorar huevos como un regalo tras la misa del Domingo de Pascua. Se comían los huevos para romper el ayuno de la Cuaresma, algo que en la actualidad aún ocurre en algunas partes de Europa. La intención original de pintar los huevos era animar a que el sol brillara con más intensidad, y por eso muchos huevos incorporan el color amarillo. Los huevos son el símbolo definitivo de la fertilidad y el potencial. En esta época, salimos al fin de la oscuridad del invierno y la luz de la primavera está a punto de llegar.

Da igual cuál sea su origen real, lo que sabemos es que decorar huevos es una actividad importante en las tradiciones de Pascua modernas. Así pues, ¿por qué no nos divertimos con ella?

HUEVOS DE OSTARA

Hay muchas formas de pintar huevos, pero la mejor para fomentar la energía de la fertilidad es usar elementos naturales en vez de colorantes artificiales. Si quieres probar esta técnica, hay muchas plantas con las que conseguirás unos huevos preciosos.

Cuando selecciones los materiales naturales para pintar los huevos, es mejor usar productos frescos o congelados. Las verduras y las frutas en lata suelen perder el color y no quedan bien. Aquí tienes unos cuantos ingredientes que he usado estos años para pintar huevos. Algunos funcionan mejor que otros, pero he conseguido con éxito (y a veces sin proponérmelo) sacar color de estos ingredientes:

- Rojo: la piel de muchas cebollas amarillas, remolacha, aronias, frambuesas.
- Rosa: remolacha, arándanos rojos, fresas.
- Naranja: la piel de las cebollas amarillas, zanahorias.
- Amarillo: azafrán, comino, cúrcuma, manzanilla.
- Verde: espinacas.
- Azul: arándanos azules, col roja, jacintos, flores o té de anchan.
- Púrpura: vino.

Cuando uses pigmentos naturales, es más fácil hervir los huevos y los materiales al mismo tiempo. Hierve los huevos como harías de normal y resérvalos. En un cuenco o un bote de cristal, prepara los materiales hervidos para colorear. Cuando hayas introducido estos materiales en el recipiente, mete los huevos y déjalos ahí unas horas. Si añades un poco de vinagre al agua, el color se intensificará. Saca los huevos del líquido y deja que se sequen.

También puedes poner a remojo los huevos duros a temperatura ambiente durante más tiempo.

(Nota: los huevos rojos se tienen que hervir con muchas hojas de cebolla amarilla y vinagre y tardarán más en coger color).

Los huevos coloreados con productos naturales no tienen ese brillo como los tintes artificiales. Sin embargo, puedes usar pintura o rotuladores para añadir más diseños. Cuando hayas terminado de diseñar tus huevos, échales una capa de aceite vegetal para que tengan un bonito brillo.

Hora de reafirmar nuestros objetivos

Ostara es una época del año única en la que salimos del estado latente del invierno pero aún no podemos saltar por completo al estado activo de la primavera y el verano. Por el motivo que sea, no me gusta la luz que se filtra en abril, ya que me parece que la tierra es en general demasiado brillante, animada y feliz. A lo mejor es que me apetece que siga siendo otoño o quizá es un pequeño episodio de depresión estacional. Sea lo que sea, durante esta época me cuesta mantener la motivación para conseguir esos objetivos que me propuse en Imbolc; es cuando más tiendo a ser perezosa.

Así que creé un hechizo contra la pereza justo para este tipo de problema. Realizar estos pasos es muy similar a adquirir un nuevo hábito. No podemos determinar y trabajar en nuestros problemas de un modo objetivo a menos que antes los identifiquemos. Al desarrollar la habilidad de examinar objetivamente lo que funciona y lo que no, nos capacitamos para mantener el poder sobre nuestra realidad.

RITUAL PARA LIMPIAR EL POLVO
(O PARA ADQUIRIR UN NUEVO HÁBITO)

Este ritual es perfecto para cuando sientas que has perdido la motivación de continuar con tus objetivos o el ímpetu para terminar cosas que querías hacer. Te ayudará a reiniciarte y a concentrarte en ti misma con una nueva perspectiva y energía renovada; es una especie de antídoto para ese bajón que se produce tras las resoluciones del año nuevo.

Necesitarás unos cuantos materiales antes de empezar:

- Un talismán que llevarás todos los días
- Libreta y bolígrafo
- Una vela votiva.

Un talismán es una pieza de joyería u otro adorno que se utiliza en los hechizos de protección y para traer buena suerte o riqueza. No hace falta que sea un símbolo pagánico si nadie sabe que eres bruja o trabajas durante el día. A mí me gusta llevar pulseras de la marca Alex and Ani. Son bastante discretas para llevarlas en el día a día sin que nadie te pregunte; son asequibles y hay mucha variedad para cualquier tipo de hechizo.

Para determinar el tono de tu hechizo, enciende la vela e invoca a los elementos, los espíritus, los dioses/diosas o guías que quieras que te acompañen en el camino de esta actividad. No llames a nadie con quien no quieras trabajar de un modo continuo en las próximas semanas.

Coge la libreta y el bolígrafo, siéntate y apunta cómo suele ser tu día. Empieza por la hora a la que te levantes hasta la hora a la que te acuestes y escribe todas las cosas que sueles hacer y cómo las haces.

Estudia de una forma objetiva la lista y marca todo aquello en lo que quieras trabajar más. ¿Qué tarea es la más manejable? Rodea una cosa en la lista de cambios que quieras hacer. (Nota: no debería ser el problema más grande porque seguramente no lo puedas gestionar en ese momento).

Escribe la secuencia de acontecimientos que se desarrollan en este problema o comportamiento.

Luego escribe lo que te gustaría que ocurriera para cambiar el proceso.

Sean cuales sean tus pautas, escríbelas en una nueva hoja de papel. Como extra, se puede trazar un sigilo para cargar tu nuevo ritual diario que te ayudará a mantener la motivación durante los primeros días. Los sigilos son símbolos pequeños hechos por una bruja o un ocultista que representan un hechizo en concreto o una manifestación.

Cuando hayas escrito tu nueva pauta (y el sigilo), coloca el papel y el talismán junto a la vela para que se carguen. Deja que la vela se consuma y vuelve a ella cada día hasta que esto ocurra.

Cada día valora lo que funciona en tu nueva pauta y lo que no.

Dejamos el talismán junto a la vela encendida porque crear un nuevo ritual para reemplazar otro defectuoso no suele funcionar la primera vez. Dedica cada día unos minutos a regresar junto a la vela y ser sincera con tu progreso y lo que necesites modificar.

Al final del séptimo día (o de lo que tarde en consumirse la vela), coge el talismán y prepárate para «limpiar el polvo». Reúne materiales de limpieza viejos y limpia todas las superficies de tu casa para fijar tu intención de proseguir con estas nuevas pautas y rituales cada día.

13

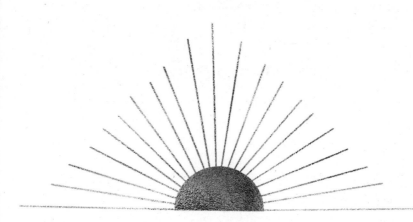

BELTANE

(30 de abril – 1 de mayo (entre el equinoccio de primavera y el solsticio de verano)

Fiesta de los mayos

Primer radio en la mitad luminosa de la rueda del año moderna)

«Hay muchas formas de interpretar el significado de la palabra fertilidad. De hecho, creatividad, al ser un término más amplio, sería más apropiado en este contexto. Sin embargo, como nos gusta honrar el pasado, la mayoría decimos fertilidad aunque no hayamos plantado nada ni planeemos fundar una familia».

—Ashleen O'Gaea, *Celebrating the Seasons of Life: Beltane to Mabon*

Beltane es un festival de fuego y da comienzo a la mitad luminosa de la rueda del año. Las cuatro festividades oscuras (Samaín, Yule, Imbolc y Ostara) han pasado ya y esta es la época de dar la bienvenida a la luz del sol y la nueva vida. Como muchos festivales en la mitad luminosa, Beltane es sobre todo un festival de la fertilidad.

Postes de mayo, puritanos y perseverancia

Los postes de mayo (*maypoles*) son un buen ejemplo de la fertilidad de Beltane, porque representan la vegetación y el crecimiento nuevos, y las celebraciones que ocurren a su alrededor reflejan la alegría que sentimos por el retorno del planeta, entre muchas otras cosas. Los historiadores creen que la práctica de bailar alrededor del poste de mayo se remonta a la época prehistórica. Se han encontrado grabados rupestres en Escandinavia que, según se cree, representan el matrimonio sagrado entre representantes humanos del Dios y la Diosa en la primavera para fertilizar la tierra y fomentar el crecimiento de la vegetación.

Según Michael Howard, autor de *The Sacred Ring: Pagan Origins of British Folk Festivals and Customs*, algunas de las referencias europeas más tempranas al poste de mayo proceden del siglo XIV, en la obra de un bardo anónimo. Estos cuentos hablan sobre el levantamiento de postes de abedul. Este acto estaba relacionado con la danza Morris, una forma de danza tradicional inglesa donde se colgaban guirnaldas con cucharas de plata, relojes, jarras y símbolos del sol, las estrellas y la luna. Si esto te resulta familiar, es porque podemos encontrar temáticas y escenas parecidas en los bastos de la baraja de tarot de Rider-Waite-Smith.

En el siglo XVI, un vicario de Londres ordenó que se cortara el poste de mayo de la ciudad porque se consideraba un símbolo del culto idolátrico. Luego Inglaterra se dividió entre la monarquía y la república y los postes de mayo fueron prohibidos por el líder puritano Oliver

Cromwell. En esta época, el puritanismo cobró popularidad, así que todo lo concerniente al concepto del poste de mayo se consideró una abominación pagana. Durante su periodo en el poder, Cromwell prohibió los postes de mayo hasta el extremo de que enviaba soldados a buscar a quienes seguían practicando en privado esta tradición popular. Estos pueblos, como eran más inteligentes que el gobernante puritano, escondían los postes debajo de los aleros de sus casas, donde los soldados no podían encontrarlos.

Tras el gobierno de Cromwell, se reinstauró la monarquía y, con ella, los postes de mayo. De hecho, el rey Charles II pasó junto a un poste de mayo de camino a su coronación, pues era un punto de referencia para las celebraciones de la gente de Londres y Westminster.

A lo largo de la historia, algunas personas usaban árboles enteros y los decoraban casi como los árboles de Navidad. Otras usaban postes de verdad, en general hechos de abedul o fresno, unos árboles que poseen significado espiritual. El abedul es un árbol sagrado para la Diosa y representa la fertilidad y el nuevo comienzo; y se supone que el árbol del mundo en la mitología nórdica era un fresno.

Hogueras de Beltane

Beltane es uno de los cuatro festivales de fuego gaélicos. En *Religious Holidays and Calendars*, la editora Karen Bellenir escribe lo siguiente: «Según las preferencias de la gente que dirigía la ceremonia, la hoguera de Beltane se podía encender la noche de Walpurgis (el 30 de abril) o en Beltane (el 1 de mayo). Por tradición, la hoguera contenía ramos de nueve tipos distintos de madera elegidos por su simbolismo y con unas características particulares». Aunque no está claro qué maderas se usaban (al parecer cambiaban según la fuente, seguramente por la variación regional), Pauline y Dan Campanelli compilaron en su libro *Wheel of the*

Year una lista de maderas que se podían recoger en marzo para que se secaran a tiempo para Beltane:

- Abedul
- Abeto
- Avellano
- Espino blanco
- Manzano
- Parra
- Roble
- Sauce
- Serbal

Las hogueras sagradas de Beltane se han usado históricamente para rituales, con el objetivo de unir a la comunidad y traer suerte. En *The Stations of the Sun*, Ronald Hutton lo explica:

> *La referencia más temprana [a Beltane] seguramente sea en el Sanas Chormaic, un glosario medieval irlandés [...] En la entrada «Beltane», los dos textos que han sobrevivido incluyen la definición «hogueras de la suerte», es decir, las dos hogueras que los druidas solían encender con grandes conjuros y ante las que traían el ganado para evitar las enfermedades de cada año. En el margen de uno [de esos textos] hay una nota adicional: «solían hacer pasar al ganado entre las dos [hogueras].*

Hutton añade:

> *En la víspera o el mismo día, usaban las llamas para bendecir y proteger a los humanos que saltaban sobre ellas. La mejor descripción de esta costumbre en los distritos del país la escribió Sir William Wilde en 1852:*

> *. . . Si un hombre iba a emprender un largo viaje, saltaba*
> *hacia atrás y hacia delante tres veces por el fuego para que*
> *tuviera éxito en su empresa. Si iba a casarse, lo hacía para*
> *purificarse antes del matrimonio. Si iba a comenzar una inicia-*
> *tiva peligrosa, atravesaba el fuego para volverse invulnerable.*
> *A medida que el fuego disminuía, las muchachas lo cruzaban*
> *para conseguir un buen marido, las mujeres embarazadas lo*
> *atravesaban para tener un buen parto y también cargaban a los*
> *niños sobre las cenizas humeantes. Al final, echaban las ascuas*
> *a los cultivos en flor para protegerlos, mientras que cada familia*
> *se llevaba algunas de vuelta a su hogar para encender un nuevo*
> *fuego en la chimenea (Sir William R. Wilde,* Irish Popular
> Superstitions, *Dublín,* 1852, 39-40, 47-49*).*

En su forma más moderna, las hogueras y festivales de Beltane son un motivo para celebrar la alegría de vivir y estar vivo. En *Celebrating the Seasons of Life: Beltane to Mabon,* Ashleen O'Gaea nos recuerda que uno de los atributos de la energía solar es la capacidad de fertilizar y estimular el crecimiento. Y que las grandes hogueras al principio del verano representan el fuego de la creatividad y la luz en la calidez de todo tipo de fertilidad, desde el fuego que sentimos en las entrañas hasta el fuego de la forja y el fuego de la inspiración poética.

CEREMONIA DE CATARSIS

Los fuegos son catárticos, una fuente de vida y de alivio. En mis años de instituto, iba a un internado en la Montana rural. Una vez al año, todo el cuerpo estudiantil asistía a lo que llamábamos «la ceremonia de quema». Solía celebrarse a finales de primavera o a principios de verano, entre mayo y julio. Durante esta ceremonia, los alumnos traían cartas que habían escrito, fotos y objetos a los que asociaban recuerdos dolorosos o tóxicos. Una a una, cada persona se levantaba y explicaba lo que iban a quemar, por qué lo quemaban y qué resultado esperaba.

En esa época, yo sufría el dolor de la pérdida de mi padre. Le había escrito una carta y cuando me llegó el turno de levantarme, dije algo así: «Le he escrito esta carta a mi padre para decirle lo que siento sobre su muerte. No dejaré que esto me siga controlando». Fue en ese momento cuando reclamé mi narrativa sobre quién era yo y qué iba a hacer.

Era hija única en una familia aislada. Perdí a mis dos progenitores de repente, entre los diez y los trece años. Después de eso me enviaron al internado, para no molestar a los miembros de la familia que no querían (o no podían) acogerme. Me pasé años sintiendo esa rabia, ese dolor y esa amargura. Dejé que me consumieran. Veía el mundo con una perspectiva muy pesimista y desconfiaba del resto de personas.

Antes de la ceremonia, supe que quería deshacerme de todo esto. No sabía cómo sería o si funcionaría a la larga, pero tenía claro que no podía permitirme seguir viviendo como una víctima. Decidí llevar a cabo este plan para identificar, centrarme y eliminar de un modo constructivo todos mis comportamientos y los rasgos aprendidos de mi personalidad.

Necesitarás:

- **Un fuego grande (a ser posible en un agujero o una hoguera)**
- **Bolígrafo**
- **Papel.**

Siéntate, porque la primera parte del ritual consiste en planear. Concéntrate en tu cuerpo y vuelve tu atención hacia el interior. Piensa en cualquier parte de tu personalidad que ya no te sirva. Es bueno empezar con algo que sea posible cambiar y no un hábito de toda la vida. Algo como: «Me menosprecio delante de otras personas» o «Permito que la gente me trate mal». Sea lo que sea, escribe este rasgo en la parte superior de la página. Si te cuesta encontrar uno, llama a un amigo (los seres humanos no somos una isla; a veces, la mejor forma de saber que tienes algún defecto es que alguien te lo diga).

A continuación, escríbete una carta a ti misma como si le dieras consejos a tu mejor amigo. ¿Cómo se lo dirías? ¿Cómo le guiarías? Si ese amigo se menosprecia continuamente, ¿cómo le darías espacio para ese dolor ofreciéndole, al mismo tiempo, una salida para sanar?

Cuando acabes de escribir la carta, es hora de encender el fuego. Creo que este ejercicio funciona mejor en grupo, porque hay algo sanador en mostrarse vulnerable con alguien o con un grupo de gente de confianza. Esto les permite brindar apoyo y, quizás, te ayude a demostrarte que eres responsable, mientras te permite hacer lo mismo por ellos.

Tanto si estás a solas como en un grupo, rodea el fuego en el sentido contrario a las agujas del reloj mientras lees la carta en voz alta. Al acabar, di las palabras: «Esto ya no me controla. Me alzaré como un fénix» y lanza la carta al fuego. Si estás con más gente, deja que el resto siga el mismo proceso. Sentaos en silencio y meditad sobre lo que acaba de pasar.

Por último, cuando regreses a tu casa, escribe en tu diario esta experiencia y cómo te sientes sobre ella. Revisa esta entrada una vez a la semana durante un mes. ¿Cuánto te has liberado de ese peso?

Bel

La etimología de la palabra *Beltane*, como la de muchas otras festividades, contiene un misterio saludable. Se cree que sus orígenes son gaélico-escoceses y que procede de la palabra *Bealltainn*, que se traduce más o menos como «1 de mayo». La raíz de este vocablo es *bhel*, que significa «brillar, destellar o quemar», junto con la palabra del irlandés antiguo ten, que se traduce como «fuego». Hay quien también ha sugerido que la raíz se puede remontar al dios protocelta Balor.

Al dios Bel, o Balor, se le conocía como «el resplandeciente», pues el prefijo celta *bel-* se podría traducir como «resplandeciente» o «afortunado». Hay quien piensa que Bel fue el dios Sol, mientras que otros historiadores argumentan que los clanes celtas más antiguos consideraban que el sol tenía propiedades femeninas y, por tanto, no se relacionaría con este dios. Se dice que Lug cegó a Balor y lo reemplazó como el dios solar más importante.

Durante esta época del año, también recordamos a la Diosa en todos sus aspectos de fuego, en general como Brígida, una diosa triple. Al igual que con las celebraciones de fuego, Brígida tiene un papel central para mucha gente en esta época. Lo más interesante sobre Brígida es que hay muchas historias sobre su unión con el rey Sol.

Crear un retiro espiritual

Beltane trae consigo el inicio de la luz y el retorno de los días más largos. La dura realidad del invierno se ha acabado y los suministros de comida están a salvo. En general, Beltane aporta seguridad y no es de extrañar, ya que ocurre en plena temporada de Tauro. Sin embargo, da igual cómo de segura te sientas, pues en el futuro habrá momentos en los que no te sientas de esta forma. Crear un lugar especial para retirarse espiritualmente te permitirá relajarte de las cargas físicas y mentales de la vida.

Es ley de vida que, si trabajas todo el día, te encontrarás con situaciones y gente que escapan a tu control. No todo el mundo sobrelleva bien esta pérdida de poder o este apuro y siente que ese tipo de presión le aplasta. La buena noticia es que, decidas lo que decidas hacer con tu estrés, esto cambiará tu situación. El consejo, ya demostrado, de «no podemos cambiar el viento, pero sí ajustar las velas» tiene su lugar en la vida espiritual de una bruja.

La primera vez que decidí hacer un retiro espiritual fue hace cinco años, mientras iba a terapia para trabajar en una serie de traumas que había sufrido de joven. Trabajé con mi terapeuta en una técnica para construir un lugar en mi mente donde podía retirarme cuando la vida me abrumaba; este método se puede aplicar a una amplia variedad de situaciones para todo el mundo. Ser capaz de apagar el mundo cuando tú decidas es un gran logro y, con práctica, es algo que todo el mundo puede conseguir.

MEDITACIÓN CONSCIENTE

He descubierto que la mejor forma de manejar el estrés es a través de la meditación consciente y deliberada. El momento más adecuado para esta práctica es por la mañana, antes de ir a trabajar o a clase, pero también puedes realizarla al final del día si vas apurada de tiempo por la mañana. A mí me gusta dedicarle media hora para sumergirme por completo en la meditación.

Antes de empezar, pon música instrumental que no te distraiga pero que sea agradable de escuchar. Estira una manta en el suelo y túmbate bocarriba.

Cierra los ojos y, poco a poco, estira las manos por encima de la cabeza. Siente cómo los músculos de la espalda se estiran ligeramente.

Coloca los brazos de nuevo en los costados y flexiona los pies hacia delante hasta que notes que estiras un poco las piernas. Al cabo de unos segundos, vuelve a la postura inicial.

Respira profundamente y nota cómo el pecho se alza y se hunde durante cinco respiraciones.

En tu ojo mental, imagina que estás en lo alto de una escalera de espiral. A medida que desciendas los peldaños, respira hondo y despacio y asegúrate de que tardas lo mismo al exhalar el aire que al cogerlo.

Cuando toques con el pie el primer peldaño, una luz se formará sobre tu cabeza. En el segundo, la luz empieza a moverse encima de tu cabeza y hombros. En el tercero, la luz sigue bajando y te calienta de dentro hacia fuera.

Ahora pisas el cuarto peldaño, casi rodeada por completo en esta luz cálida y purificadora. Cuando pises el quinto y último escalón, te sentirás ligera, segura, cálida, pura. Cuando bajes de este peldaño, verás una puerta delante de ti. Acércate a ella y ábrela. Entra y contempla un lugar de paz y tranquilidad.

Siéntate en este espacio y siente el suelo. Tócalo con las puntas de los dedos, túmbate en él y percibe el aire que te rodea. Permite que la luz de antes te rodee también y te llene de paz. Este es tu lugar sagrado. Puedes regresar aquí siempre que quieras abriendo esa puerta.

Cuando te notes relajada y lista para marcharte, regresa a la puerta. Asciende los peldaños de vuelta a tu cuerpo.

Nota el suelo debajo de ti, las manos a tus lados. Alza los brazos sobre la cabeza y devuélveles la vida estirándolos. Cuando estés lista, abre los ojos.

Yo acudo a este lugar sagrado muchas veces a lo largo del día cuando necesito un respiro de mi vida ajetreada. Voy a un lugar con colinas y árboles, ambiente fresco y una bonita brisa. Vayas donde vayas tú, también será perfecto.

Esta meditación guiada se puede hacer sin ningún material especial. Sin embargo, puedes recurrir a tu intuición para crear todo un ritual con velas, un altar y otros accesorios.

14

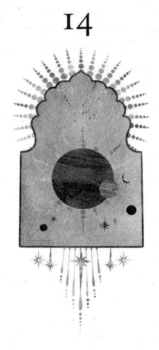

LITHA

(21 de junio

Solsticio de verano

Segundo radio en la mitad luminosa de la rueda del año moderna)

*«El sol no brilla solo para unos pocos árboles y flores,
sino para dar alegría a todo el ancho mundo».*

—Henry Ward Beecher

Litha es la celebración del solsticio de verano. Suele darse el 21 de junio, fecha totalmente opuesta al solsticio de invierno. Es un festival de fuego en el que vemos a los dioses en plena gloria tras morir, dormir y renacer, hechos que ocurrieron durante el otoño, el invierno y la primavera. Litha es el día más largo del año en el hemisferio norte, donde el sol está en el punto más al norte que puede alcanzar.

El solsticio de verano se celebraba extensamente por el norte y el oeste de Europa y se cree que fue un gran evento en las comunidades celtas de Bretaña, Gales, Escocia e Irlanda. Como muchas tradiciones folclóricas, la Iglesia intentó apropiársela y trasladó gran parte del festival al 24 de junio, fecha que renombraron como el Día de San Juan.

Al estar en la mitad luminosa de la rueda, el solsticio de verano se asocia con los festivales de fuego, igual que Beltane, y se encienden grandes hogueras para simbolizar el sol, la sensualidad, la vida y la fertilidad. Los festivales que ocurren en esta época del año suelen tener temas similares y se diferencian por acontecimientos celestiales en concreto o matices menores. Esto implica que muchos de los temas que estuvieron presentes en Beltane también lo estarán en Litha y en el resto de los sabbats del verano.

La muerte es una característica importante en la mitad oscura del año; del mismo modo, la vida es la característica que más destaca en la mitad luminosa. ¿Acaso hay algo que trae más luz que el amor, las risas y la fertilidad? En esta época hay mucha animación y viveza; esto se percibe en la naturaleza y, sobre todo, en las flores.

El solsticio de verano se celebraba en todo el mundo. Los egipcios diseñaron las grandes pirámides de tal forma que, cuando se ven desde la Esfinge, el sol se pone exactamente entre dos de las pirámides durante esta festividad. En la costa de Perú, los arqueólogos descubrieron el complejo astronómico de Chankillo, con edificios que se alineaban con el sol durante los solsticios. Stonehenge, con más de cinco mil años de antigüedad, se alinea tanto con el solsticio de invierno como con el de verano. Hoy en día se siguen celebrando ahí muchos festivales en los solsticios y los equinoccios.

La etimología de Litha es muy interesante, porque se creó por completo hacia mediados del siglo XX. Eso no significa que la palabra no existiera antes, pero hasta entonces no se usó para describir este festival. En los inicios, cuando los creadores de la Wicca estaban desarrollando la rueda, se basaron en cuestiones celtas y druídicas. Se cree que Litha deriva de un artículo del siglo VIII llamado «De temporum ratione». El nombre Litha se usaba tanto para junio como para julio en la antigüedad. Aunque esto es poco exacto, *Notes and Queries: A medium of intercommunication for literary men, general readers, etc.* (el séptimo volumen, escrito en 1889) nos ofrece una mejor comprensión sobre este tema.

Este libro incluye muchas notas sobre los nombres anglosajones del mes. Nos cuenta que junio y julio se describían como meses numerados. El sexto mes era *Se àerra Litha*, que se traduce como «la primera Litha». El séptimo mes era *Se æftera Litha*, que se traduce como «la segunda Litha». En este diccionario, se declara que «el nombre Litha solo es la forma definida de *Līthe*, que significaba "templado", así que junio y julio eran los meses templados o cálidos».

El Rey del Roble y el Rey del Acebo

En Litha, el Rey del Roble está en su máximo apogeo, pero se ve obligado a enfrentarse a los retos que traerá el invierno. Se cree que el Rey del Roble, que domina el Sol y el verano, es el consorte de la Diosa. Esto significa que el Rey del Roble es su pareja en el amor, la fertilidad y la abundancia. Cuando hablamos de la diosa del jardín en este aspecto, de un modo general, en realidad nos referimos a las encarnaciones de esta estación.

Como este es el festival del solsticio de verano, se puede venerar a cualquier dios solar, no solo a los dioses celtas, sino también a los dioses de cualquier tradición. Aunque no suelen aparecer en la Europa noroccidental, también hay una serie de dioses y diosas solares egipcios que se pueden reconocer en esta época. Para empezar, la diosa gata Bastet está muy relacionada con el Sol y es una de las hijas de Ra. También tenemos a Horus, dios del cielo. Su ojo derecho era el Sol y el izquierdo la Luna. Esto lo situaría tanto en el solsticio de invierno como en el de verano. También está Nefertum, dios de la sanación y la belleza que representa el primer rayo de sol.

En las tradiciones nórdicas, tenemos a la diosa Sol, que viajaba por los cielos cada día en un carro tirado por caballos con crines de fuego.

Luego está Kupala, la diosa acuática eslava de los árboles, las hierbas, la hechicería y las flores. Junio suele arrancar como una de las estaciones más lluviosas en muchos climas, así que va bien tener a una diosa acuática representada en este festival.

El lado oscuro y la sombra

La sombra es muy personal y tú decides cómo conectar con tu lado oscuro. La sombra es lo que trabajamos para encontrarnos con nuestro yo más auténtico. Cuanto más tiempo pasemos evitándolo, más durará el dolor y dejará a nuestro auténtico yo enfermo y herido. He aquí la importancia de la sombra: debemos observarnos con una perspectiva objetiva sin el propósito de cambiar para aceptar lo que existe al otro lado. La práctica de la sombra nos enseña que no podemos huir de nosotras mismas; ¿por qué íbamos a querer hacerlo?

HOGUERA FLORAL DE LA SOMBRA

Trabajar la sombra con flores es una de las formas más íntimas de acercarnos a nuestro lado oscuro. Las flores invocan los aspectos más tiernos y delicados de nuestro espíritu, esos que solemos esconder por miedo. Algunos nunca invocamos las partes más tiernas de nuestra personalidad y puede que hayamos olvidado cómo acceder a ellas. El proceso no es un viaje rápido y puede que descubras que no te sientes cómoda con esta ternura. El valor de ser vulnerable es una fuerza que no todo el mundo posee. No obstante, cada persona puede realizar este ritual para empezar la tarea de acceder y curar a esas partes más dañadas y sensibles. El viaje hacia el amor propio es difícil, pero es una de las cosas más importantes que harás en tu vida.

Realiza este ritual una noche de domingo si puedes. He descubierto que es mejor empezar la semana más ligera de lo que la acabaste. Si intuyes que te irá mejor hacerlo otro día, también puedes. Aquí no hay reglas absolutas; esta es solo otra herramienta más para cuidarse.

Puedes modificar el ritual según lo necesites. Si vives en un clima donde es imposible encender un fuego, sustitúyelo por una vela, un caldero o una luz eléctrica. O puedes usar otro accidente geográfico e invocar un elemento distinto: un bosque antiguo, las montañas y las playas son alternativas geniales para quien no se sienta cómoda usando fuego.

Antes de empezar, necesitarás identificar los rasgos de tu personalidad que ya no te sirven. Haz una lista o memorízalos.

También deberás considerar cualquier objeto que tenga una carga emocional importante o pese sobre ti. Esto es vital para conseguir una libertad vulnerable dentro de los límites y la energía de la temporada de Litha. Este tipo de objetos pueden ser fotos de exparejas, un libro, un CD o un DVD que te traiga malos recuerdos. No te tortures aferrándote a objetos físicos que te hagan daño. Permítete liberarte de ese apego al dolor y lo que esto simboliza. Has dejado atrás ese lugar y puedes liberarte de ese sentimiento.

Necesitarás:

- Una hoguera (una vela, un caldero o una luz eléctrica si estás dentro de casa)
- Un rotulador
- Papel (hojas de laurel si estás dentro de casa)
- Flores
- Cualquier objeto que tenga una carga o un peso emociona
- Agua o cualquier otra cosa para apagar el fuego.

Para empezar, enciende el fuego. Si estás en un lugar en el que puedas desvestirte, cuanta menos ropa mejor.

Rodea el fuego y asegúrate de que está encendido por todas partes. A medida que las chispas se conviertan en llamas, invoca a tu poder superior para que se una a ti en este círculo de fuego.

Uno a uno, escribe en trozos de papel esos rasgos de tu personalidad que no deseas y que vas a devolver al universo. Cuando estés lista, coge un papel y repite lo siguiente:

Libero esta energía hacia ti, Poder Supremo, con amor y disposición.

Te pido que me quites esta carga que me impuse.

Yo también actuaré en consecuencia para quitármela.

Como fuere, que deje de ser.

Guíame ahora, Poder Supremo, a través del jardín de mi mente.

Camina conmigo mientras navego por las costas de mi espíritu.

Yace conmigo en los campos de mi juventud.

Por ti, que has acudido a mi presencia y permanecerás aquí.

En ti confío.

Que así sea.

Lanza el papel al fuego. Repite este proceso hasta que no te queden papeles.

Luego colócate las flores que has traído en el pelo. Mientras lo haces, visualiza tus partes más sensibles en un lugar prominente. Permite que te guíen mientras cierras el ritual.

SIGNIFICADOS BÁSICOS DE LAS FLORES

Estas son algunas flores que se pueden usar en este ritual:

Boca de dragón: maleficios y contramaleficios, protección

Brezo: conexión con los ancestros, curar traumas, protección, sombra, vidas pasadas

Buganvilla: belleza, pasión

Caléndula: salud y sanación, reencarnación, vitalidad

Camomila: serenidad, positividad, salud y curación

Clavel: amor, amistad

Corazón sangrante: atraer amor, curar dolor y depresión, belleza, glamur

Dedalera: sanación emocional, protección, conexión con las hadas

Diente de león: adivinación, fertilidad, resistencia

Girasol: felicidad, poder, fuerza, vitalidad

Hibisco: amistad, pasión, lujuria y romance, inteligencia

Jazmín: sexualidad, sensualidad, alegría

Lavanda: claridad, purificación, equilibrio, relajación

Lirio: ayuda divina, purificación, éxito legal

Madreselva: liberar bloqueos sexuales, lujuria, intuición

Margarita africana: magia, intuición, habilidad psíquica, protección

Margarita: amistad, salud

Peonía: purificación, protección espiritual

Rosa: abundancia, amistad, amor, secretismo, belleza

Trébol: prosperidad, comunicación con hadas, protección.

15

LUGNASAD
LAMMAS

(1 de agosto

Comienza la temporada de cosecha

Tercer radio en la mitad luminosa de la rueda del año moderna)

«Hay gente en el mundo tan hambrienta que Dios
solo puede aparecer ante ellos en forma de pan».

—Mahatma Gandhi

Lugnasad, también conocido como Lammas, es el tercer festival en la mitad luminosa de la rueda. Se suele celebrar el 1 agosto y es el primer festival auténtico de la cosecha de otoño. Sin embargo, antes de adentrarnos en el concepto de la temporada de cosechas, hay que aclarar que Lugnasad no es cualquier festival de cosecha, ya que en él se recolecta el trigo y hay pan de verdad.

Lammas es el punto medio entre el solsticio de verano y el equinoccio de otoño. Con el tiempo, la fecha del 1 de agosto ha cambiado un poco y podemos ver que Lammas se celebra en cualquier momento entre el 1 de agosto y el primer fin de semana posterior. Lugnasad es el último de los cuatro festivales gaélicos, después de Samaín, Imbolc y Beltane. La palabra Lugnasad tiene unos orígenes celtas evidentes, pues recibe este nombre por el dios Lug. Lugnasad procede del antiguo nombre irlandés Lughnasad, que se traduce como *Lug* (el dios) y *nasad* (asamblea). Aunque esta versión del festival tiene orígenes irlandeses, la forma actual de escribirlo en irlandés es Lunasa, que es el nombre que recibe el mes de agosto.

Se cree que Lugnasad es el nombre que recibían los festivales de juegos que se establecieron para honrar a la madre del dios celta del sol, Lug. En *Celebrating the Seasons of Life: Beltane to Mabon*, Ashleen O'Gaea nos cuenta que a menudo había competiciones de velocidad y fuerza para mostrar que aún quedaba una cierta vitalidad que pronto moriría en la cosecha. Se entendía que, incluso en la muerte, el ciclo de la vida proseguiría, ya que la muerte de la cosecha nos alimentaría.

El concepto de la cosecha del trigo y el uso de la palabra *sacrificio* deberían sonarte. Puede que te recuerde a otro dios popular que, según se dice, se sacrificó por la humanidad. Sin embargo, no existe una auténtica relación entre los dos dioses. Para los dioses paganos, no hay un elemento de «pecado» o salvación, sino un intercambio de energía en un ciclo sin fin. La ofrenda del pan para la cosecha y la muerte inminente de nuestro dios no se centran en nosotros, sino en el orden natural y en el intercambio de energía espiritual que fluye a través de todo.

Lo que resulta interesante sobre este día en concreto es que hay distintas versiones del festival con diferentes protagonistas. En Irlanda está Lugnasad y un festival centrado en el dios Lug. En Inglaterra, hay un festival conocido como Lammas, o «loaf mass» (misa de pan). Lo cierto es que no podría haber una fiesta mejor que esta en la que nos centramos en comer carbohidratos y tiene como telón de fondo el folclore.

Si regresamos a los orígenes de la rueda del año, recordarás que muchos *sabbats* de la Wicca se basaban en festividades celtas. Lugnasad no es distinto, pues surgió en Irlanda. A menos que estudies las versiones escocesas, galesas o inglesa. Eso es lo que convierte a Lammas en algo único: cada una de esas culturas, tan relacionadas entre sí, tiene su propio festival que comparte ciertas similitudes y, aun así, posee tradiciones únicas. Lo que vemos hoy en el paganismo moderno es en realidad una combinación de cada festival y el toque especial de la práctica actual.

Lammas, trigo y la Revolución francesa

Lammas es una festividad que señala la primera cosecha de trigo. Además, resulta que también es el primer festival de cosecha del año y la primera cosecha otoñal. En algunos lugares, Lammas también marca el final de la cosecha del heno. Cabe indicar que, aunque Lammas y Lugnasad comienzan el mismo día, se originaron en zonas geográficas similares y se solapan en general, no son el mismo evento.

En Lugnasad se rinde culto al dios Lug y a la cosecha del trigo, mientras que Lammas es más laica y se centra en los dioses en general y también en la cosecha del trigo.

Desde un punto de vista histórico, el trigo ha sido uno de los productos y materias primas más importantes en el mundo, sobre todo en

Europa. El pan y otros productos de trigo han sido esenciales durante generaciònes en la alimentación de la humanidad y, en épocas de malas cosechas, se han producido alzamientos políticos.

En 1789 se produjo el asalto a la Bastilla, y el acceso al pan quizá fuera una de las posibles causas de este acontecimiento histórico (y de toda la Revolución francesa). Durante la época de la Pequeña Edad de Hielo, hubo graves plagas que asolaron las cosechas. Esto provocó una escasez de cereales, sobre todo de trigo. A medida que la glaciación avanzaba, hubo más insuficiencia de alimentos y menos comida a un precio asequible.

En 1775 se registraron cerca de trescientas revueltas causadas por el malestar generado ante la subida del precio de los cereales y su disponibilidad. Esta oleada de protestas se llamó más adelante la guerra de las harinas y puede recordar a algunos hechos de la revolución estadounidense. El cereal fue importante en Francia durante este periodo, porque se estima que el pan formaba parte de un 80 % de la dieta de la clase media y la clase baja. Cualquier cambio en su disponibilidad o su precio provocaba algo más que descontento.

TRÁEME LA MASA: PAN INTEGRAL DE TRIGO PARA EL ALTAR EN EL DÍA DE THOR

No hay nada mejor para trabajar con trigo que ensuciarte las manos. Llevo unos años haciendo y enseñando esta receta básica de pan de la prosperidad y cada vez sale mejor. Adapté esta receta de una que encontré en internet escrita por Nita Crabb.

Preparar tú misma el pan para el altar, sobre todo durante el festival de la cosecha de trigo, te conecta con la energía de tu práctica espiritual y es un símbolo de tu veneración y dedicación a los dioses y a los espíritus que estamos venerando.

Esta receta sirve para dos hogazas. Deja una en el altar y cómete la otra la mañana de Lugnasad.

INGREDIENTES

- 710 mililitros de agua caliente (a 40 °C)
- 2 paquetes de levadura seca activa (7 gramos cada una)
- 2 cucharadas de miel, más 115 gramos de miel
- 680 gramos de harina de trigo
- 45 gramos de avena
- 65 gramos de cerezas deshidratadas
- 65 de pasas
- 3 cucharadas de mantequilla derretida
- 1 cucharada de sal
- 470 gramos de harina integral de trigo

Precalienta el horno a 90 °C. En un gran cuenco, mezcla el agua caliente, la levadura y la miel. Déjalo reposar durante 5 minutos. Añade la harina de trigo, la avena, las cerezas y las pasas y mezcla bien. Deja que la masa repose durante 30 minutos o hasta que suba y burbujee. Añade la mantequilla derretida, el resto de la miel y la sal. Mézclalo con 270 gramos de harina integral.

Si tienes una batidora de pedestal, mezcla usando el gancho para masa hasta que la esta no se pegue a los bordes del cuenco. Si no tienes una batidora así o prefieres amasar a mano, echa harina en una superficie plana y amasa con la harina integral hasta que la masa no se pegue a la encimera. Puede que así necesites entre 130 y 270 gramos más de harina integral; úsala con cuidado.

En cuanto hayas terminado de amasar, divide la masa en dos partes iguales. Esas serán las dos hogazas.

Coge la primera y sepárala en tres partes. Haz rodar cada una hasta que se alargue y tenga un grosor adecuado. Trenza las tres partes y, mientras tanto, da gracias a los dioses, al universo y a tus antepasados por tu salud, dinero y prosperidad. Cada parte debería llevar un agradecimiento con ella.

Repite el proceso de trenzado con la segunda hogaza.

Coloca los panes en un molde para hornear untado con un poco de aceite o en una bandeja. Déjalo en el horno templado durante 20 minutos. Así deberían doblar su tamaño.

Cuando el pan se haya alzado, sube la temperatura del horno a 170 y pon el temporizador durante 25 minutos.

Cuando los panes estén dorados, sácalos del horno y extiende mantequilla por encima. Deja que se enfríen durante unos minutos antes de quitarlos de los moldes.

Puedes llevar este ritual al siguiente nivel preparando tu propia mantequilla para acompañar el pan. Es mejor prepararlo y comérselo un jueves o un domingo. El jueves es el día de Thor y el domingo es el día del sol. Como Lug es un dios del sol y Lugnasad es una festividad de la cosecha, podrías prepararlo para cualquier propósito. El trigo y la miel traerán prosperidad a tu hogar.

RITUAL DE MANTEQUILLA PARA LA DIOSA

La mantequilla se considera sagrada en muchas culturas y es importante sobre todo en aquellas que reciben influencia celta. Si eliges preparar mantequilla, fusionarás tu energía con la del Dios y la Diosa y les darás la bienvenida a los dos en la celebración de la cosecha en la que participará tu cuerpo. Crear un altar de prosperidad con comida también muestra a nuestros dioses, guías y antepasados que valoramos su presencia; esto, al final, fortalecerá nuestras relaciones con ellos. Con la preparación de la mantequilla, podemos conectarnos a esta energía tan abundante y ofrecérsela a los dioses.

Este ritual se relaciona con la manifestación de la prosperidad y abundancia y tendremos a la Diosa como nuestra guía. Si trabajas con una diosa en concreto, aprovecha para invocarla mientras preparas la mantequilla. Si no trabajas con ninguna específica, puedes invocar a la Madre Naturaleza, a la señora de tu territorito, a tus guías, antepasadas o a cualquiera con quien te sientas cómoda.

La leche se suele asociar con las deidades femeninas porque es una fuente vital que crean las mujeres para su descendencia, pero si te relacionas con deidades no binarias o masculinos, también puedes invocarles.

INGREDIENTES

Para el altar:

- Un billete del máximo valor que quieras dejar
- Hojas de albahaca fresca
- 1 rama de canela
- Un trocito de cuerda
- 1 vela tipo candela verde o amarilla.

Para la mantequilla

- 710 mililitros de nata
- Una pizca de azúcar
- Una pizca de sal
- Especias italianas al gusto (o albahaca seca); esta mezcla tiene todas las hierbas que necesitas para atraer prosperidad.

Empieza cogiendo el billete y la albahaca fresca y enróllalos juntos con la rama de canela; la canela debe quedar en el medio. Ata esto con el trozo de cuerda y déjalo en el altar. De esta forma, la albahaca servirá para atraer prosperidad mientras la canela sirve para acelerar y avanzar.

Junto al paquetito, enciende la candela y da la bienvenida a los poderes supremos. Las candelas son velas pequeñas que pueden consumirse de una sentada y suelen durar menos de 30 minutos; por eso van bien para encenderlas mientras cocinas.

Ve a la cocina y lávate las manos para hacer la mantequilla. En un cuenco grande o una batidora con pedestal, echa la nata, el azúcar, la sal y las especias italianas.

Mezcla a una velocidad media alta durante 15 o 30 minutos hasta que la mantequilla se separe del líquido. Este líquido es suero de leche y puedes guardarlo para usarlo en el futuro.

Coge la mantequilla con las manos y exprime la leche que quede (¡esto es importante!). Yo tengo otro cuenco con agua fría al lado mientras hago esto porque ayuda a sacar toda la leche.

Coloca la mantequilla en un cuenco o un tarro y déjala junto al pan y la vela en el altar. Da gracias a tus guías, antepasados y poderes supremos e invítales a que disfruten de la ofrenda. Si tu intención es preparar más mantequilla para tu uso personal, puede durar unas dos semanas en la nevera.

16

MABON

(21-23 de septiembre

Llevar la cosecha a casa, fin de la cosecha, equinoccio de otoño

Cuarto radio en la mitad luminosa de la rueda del año moderna)

«El otoño es una segunda primavera, cuando cada hoja es una flor».

—Albert Camus

M abon es el nombre que recibe el equinoccio de otoño, el segundo festival de la cosecha de los tres que hay en la rueda del año pagana, y suele caer entre el 21 y el 23 de septiembre. El equinoccio de otoño divide el día y la noche por igual, lo que nos permite descansar antes de que la oscuridad del invierno nos domine.

Mabon está considerada como una de las celebraciones menores de la rueda, pero es una de mis favoritas. Es el último festival de la mitad luminosa de la rueda y se cree que recibió su nombre por el dios galés-celta Mabon, deidad de la luz e hijo de Modron («madre»), la diosa de la Madre Tierra.

En Lugnasad, observamos cómo el Dios reconocía su descenso final antes del ciclo de muerte y renacimiento. En Mabon, la muerte se acerca. Sin embargo, no es tan solemne como parece, porque sabemos que renacerá a su debido tiempo. Este ciclo es el que se da ahora, el que siempre ha existido y el que siempre existirá.

Como segundo festival de la cosecha, es un momento para la alegría y la celebración de recoger los frutos de tu trabajo. Junto con Mabon, se celebra también el fin de la cosecha y el día de llevarla a casa, dos momentos para recoger las últimas cosechas y celebrar la abundancia. En la actualidad, el día de llevar la cosecha a casa se celebra en Inglaterra el último día de septiembre: se decoran los pueblos y se hacen figuras de paja para representar a los espíritus del campo.

El dios Mabon

Mabon es el nombre de un dios celta e hijo de Modron, la gran madre. De un modo muy parecido a Deméter y Perséfone, Modron lloró la pérdida de Mabon cuando lo secuestraron tres días después de su nacimiento. Lo encerraron dentro de un muro de piedra, pero luego lo liberaron.

Resulta interesante que dos culturas diferentes creasen historias similares en las que hay un dios o una diosa que, por algún motivo, abandona la tierra en contra de su voluntad. En su ausencia, el invierno cae sobre la tierra y lo congela todo a su paso. Este es, cómo no, el ciclo de la vida, pero es curioso ver que estas historias tan similares persisten en varias partes de Europa.

Fiesta de San Miguel y de Todos los Ángeles

La Iglesia católica convirtió el equinoccio en un día festivo. La fiesta de San Miguel y de Todos los Ángeles (también conocida como *Michaelmas*) se celebra el 29 de septiembre. Este día se considera un *sabbat* menor, junto con el equinoccio de primavera y los dos solsticios.

San Miguel no es un santo tradicional, sino un ángel. Hay muchas brujas que eligen trabajar con ángeles judeocristianos, así que, para quien lo haga, reconocer este día festivo será relevante para su práctica espiritual. En muchas prácticas tradicionales, hay brujas que deciden seguir trabajando con conceptos abrahámicos después de desvincularse de forma voluntaria de la religión. Para ellas, ser pagana o bruja no implica que los conceptos de ángeles, santos, etc., no se puedan usar ni sean válidos. Por ejemplo, según Jake Richards, autor de *Backwoods Witchcraft*, los practicantes de la magia tradicional de los Apalaches a menudo usan la Biblia cristiana como una especie de libro de hechizos.

San Miguel es el líder de todos los ángeles en el ejército de Dios. Según las escrituras y la tradición, San Miguel tiene cuatro responsabilidades: combatir a Satanás, escoltar a los fieles al cielo cuando mueren, abogar por los cristianos y la Iglesia y llamar a los hombres a su juicio.

A medida que el año se alejaba de la luz y se adentraba en la oscuridad, en las islas británicas se empezó a celebrar San Miguel de una forma que fomentaba la protección durante los meses invernales de frío y tinieblas. Hay un proverbio que dice: «Come ganso en San Miguel y tendrás dinero todo el año»[8]. Como Mabon no tiene muchas tradiciones que se asocien directamente con esta festividad, es una sugerencia que se podría adoptar con facilidad. Se cree que este proverbio lo originó la reina Elizabeth I. Cuando se enteró de la derrota de la armada española, estaba cenando ganso y decidió que lo comería cada día de San Miguel a partir de entonces.

La manzana de Lilith

Cuando tenía quince años, me regalaron un precioso libro antiguo que se llamaba *The Complete Old Wives' Lore for Gardeners*, de Bridget y Maureen Boland. Estaba decorado con xilografías y abarcaba muchas cosas, desde saberes populares sobre plantas hasta prácticas mágicas básicas (sin las autoras ser conscientes) y consejos útiles sobre jardinería. Sin embargo, nada me impactó tanto como este pequeño párrafo sobre la protección que ofrecían los manzanos.

> *Cuando se planta un manzano, se debe escribir el nombre de*
> *Asmodeus, el demonio que tentó a Eva (a menos que creas que fue la*
> *diablesa Lilith), en la tierra y cancelarlo luego con una cruz.*

A lo largo de mi vida, he plantado bastantes manzanos y siempre he recordado este ritual básico. Las manzanas poseen una tradición mágica muy rica, porque son importantes en la cosecha. En vez de desterrar a Lilith, como dicen muchos textos, podemos invocarla para conseguir fertilidad, protección y consejos. Las manzanas son una fruta muy abun-

---

8 Traducción literal del proverbio «Eat a goose on Michaelmas Day, want not for money all the year», dado que no existe un equivalente directo en español. (N. de la T.)

dante y fértil que te bendecirá una y otra vez con magia de amor y prosperidad, pero también puede usarse para magia oscura y todo lo que hay entre medias.

Dado que se acerca el frío, el equinoccio de otoño no es la mejor época para plantar un manzano; sin embargo, es el momento ideal para participar en la recogida de manzanas o para preparar manzanas de caramelo. Durante el otoño, abundan las manzanas y se pueden usar para invocar y dar la bienvenida a la inteligencia y la protección que aporta Lilith.

UNA MANZANA AL DÍA

Una de mis partes favoritas del otoño (como si pudiera elegir solo una) es la cosecha de manzanas. Hay algo especial en ir hasta un manzanar, recoger manzanas de los vetustos árboles, beber sidra y comer bollos de canela y manzana; la experiencia supera a cualquier otra que pueda ofrecer la estación. Recoger manzanas es un recuerdo que, robado de mi infancia (en el sur de Florida no tenemos manzanares), me hizo enamorarme de Nueva Inglaterra cuando me mudé allí. En brujería, las manzanas pueden prestarse a muchas posibilidades. Ayudan a traer prosperidad, sus semillas se pueden usar para protección y hasta las puedes emplear como ofrenda durante los meses de cosecha. Si la cortas por la mitad de forma horizontal, verás que las semillas a menudo forman un pentáculo.

¡La única pega de recoger manzanas es que cojo demasiadas! Yo vivo por esa experiencia y lo cierto es que me emociono demasiado. Mis amigos se burlan de mí, pero cuando haces algo por primera vez como persona adulta, tiendes a recuperar el tiempo perdido. Al volver a casa con tantas manzanas, me quedé pensando qué podría hacer con ellas. La respuesta obvia (para mí) fue preparar una tarta. Pero, después de eso, aún quedaban unas cuantas.

¿Y qué hice? ¡Portavelas de manzanas! Yo no inventé esta idea, porque estoy segura de que se lleva haciendo desde que existen las manzanas y las velas. Pero sí que puedo decir que son unas decoraciones preciosas para el altar de Mabon y se pueden usar en exterior y en interior. Necesitarás:

- Manzanas rojas (porque tienen mejor aspecto y suelen ser más dulces)
- Una vela larga o una pequeña
- Un rotulador
- Un cuchillo de cocina
- El jugo de un limón.

Apoya la vela en la manzana y, con el rotulador, marca dónde quieres que vaya. Con el cuchillo, corta un hueco en el que quepa la vela. Tras quitar la parte superior de la manzana, echa un poco de jugo de limón en la manzana para que no se oxide. Si usas una vela larga, deja que la manzana se seque un poco y luego vierte un chorrito de cera en el agujero para que la vela no se mueva. Si usas una vela más pequeña, métela en el agujero y disfruta de tu nuevo portavelas. Pueden durar unos días.

17

EL AÑO NO TRADICIONAL

«Dicen que el tiempo cambia las cosas,
pero lo cierto es que debes cambiarlas tú mismo».

—Andy Warhol

La rueda del año neopagana es cómoda. Mucha gente la tiene en alta estima y la celebra de una forma bastante literal ocho veces al año. Incluye festivales de distintas culturas, temáticas que tienen el potencial de hacerte sentir como en casa. Y, aun así, a mí no siempre me ha transmitido esa sensación. Como pagana, he tenido problemas con esto y es un sentimiento que vuelve de vez en cuando. ¿Qué implica estar conectada a la rueda del año si la rueda no está conectada a mí?

Si lo piensas, tiene sentido: la rueda del año, tal y como la conocemos, se creó en Inglaterra. Yo ahora vivo en una zona tropical. Antes vivía en una zona de Montana clasificada como «subártico continental», lo que significa que, de media, solo tiene entre cincuenta y noventa días en todo el año con una temperatura media de diecisiete grados. Vivir en dos extremos polares en términos de clima y temperatura me ha dejado muy descolocada en medio de la rueda del año. La gente veía cómo caían las hojas mientras, donde yo estaba, o nevaba o estaba en la playa. ¡Algo tenía que cambiar!

En todo el mundo, hay paganos y brujas que viven en lugares que no armonizan con la rueda del año. Estos sitios no siguen las cuatro estaciones establecidas y a veces ni siquiera siguen las estaciones en las que deberían estar. Por ejemplo, el Valle de la Muerte, en California, solo tiene de media cinco centímetros de lluvia al año. Existe una cantidad infinita de ejemplos de climas únicos en todo el país y el planeta. Si aprendemos a trabajar con ellos, en vez de ir en su contra, podremos disfrutar de nuevo de la rueda del año.

Una visión general de la rueda del año

Hay muchos términos en la rueda del año y a veces puede resultar un tanto confusa. Conocer los pormenores de la rueda es lo que nos permitirá establecer la base para crear un cambio que satisfaga nuestras necesidades, así que es importante repasar lo básico. La rueda del año está compuesta por ocho *sabbats* o celebraciones. Los ocho *sabbats* están compuestos por cuatro sabbats mayores y cuatro *sabbats* menores. Una diferencia destacable entre los *sabbats* mayores y los menores es que los menores cambian y los mayores son (casi) días fijos. Los *sabbats* menores incluyen el equinoccio de primavera y de otoño y el solsticio de invierno y verano. Los *sabbats* mayores son los festivales celtas de fuego que caen a mitad de camino entre los *sabbats* menores: Samaín, Imbolc, Beltane y Lugnasad.

Los ocho *sabbats* de la rueda del año son, de nuevo:

- Samaín/Halloween: 31 de octubre - 1 de noviembre
- Yule: solsticio de invierno
- Imbolc: 1 de febrero
- Ostara: equinoccio de primavera
- Beltane: 1 de mayo
- Litha: solsticio de verano
- Lugnasad: 1 de agosto
- Mabon: equinoccio de otoño.

La rueda de los problemas

Estos sabbats parecen bastante universales, ¿verdad? ¡En todo el mundo hay solsticios y equinoccios! Aunque esto es cierto y toda persona pagana vive estos acontecimientos celestiales, no todas experimentan la rueda del año tal y como está escrita. Por ejemplo, Yule, el solsticio de invierno, se caracteriza por una gran tradición invernal... ¡porque es un festival de invierno! Sin embargo, para las brujas que viven en lugares del mundo donde no nieva, conectar con esta tradición de una festividad germánica es difícil e incluso doloroso.

Cada *sabbat* en la rueda del año tiene problemas parecidos. Aparte de en algunos climas bastante concretos (como los del occidente europeo,

Nueva Inglaterra, etc.), la rueda carece de sentido. Puedo conectar con un equinoccio; sin embargo, no puedo conectar con los temas otoñales que rodean ese equinoccio. En un mundo donde disfrutamos de mostrar nuestra práctica espiritual por internet, esto puede crear mucha culpa en aquellas brujas que piensen que quizá no hacen lo suficiente, cuando en realidad lo que sienten es que no deben conectarse a la rueda de la forma que está escrita para los practicantes de la Wicca.

A lo mejor no has oído esto antes, así que déjame que lo diga en voz alta: es válido cambiar la rueda del año para que siga tu práctica personal. Debería ser normal y deberíamos animarte a que tomes la iniciativa para conectar con la tierra según tu religión. Mi rueda del año personal celebra doce grados divididos en dos mitades, en vez de los ocho tradicionales. Elegí dividirla en meses porque así entiendo mejor lo que está pasando y me permite ver de verdad la tierra en la que vivo ahora mismo.

Además, al dividirla de esta forma, la rueda viaja conmigo. La primera flor de la primavera nunca se anuncia con mucho bombo y platillo, pero, aun así, surge exultante del suelo. Celebrar la energía de la tierra, en mi opinión, no debería delegarse a solo unos días concretos. Estos *sabbats* sí que tienen su hueco en mi rueda, pero no son el foco de todo mi año.

Y por eso mi rueda se ha convertido en el año de la bruja, algo que me apoya a mí y a mi viaje a través de un paganismo basado en la tierra. Viví muchos años (casi la totalidad del tiempo que llevo siendo bruja) sin dioses, porque decidí concentrarme en los espíritus locales que rodeaban mi zona e interactuaban conmigo cada día. Esto implicaba, por ejemplo, preparar vino de carambola después de una buena cosecha y compartirlo con amigos alrededor de una hoguera. También celebro cada cosecha y superluna como algo que debe ser venerado. Las lunas de cosecha indican un cambio de estación, una época de celebraciones antes de pasar al siguiente radio de la rueda. En el siguiente capítulo veremos con más detalle cómo estudiar la rueda del año y personalizarla para tu camino concreto.

En el sur

Como las estaciones son tan diferentes en el hemisferio sur, hay que plantearse la siguiente pregunta: ¿cómo se celebra la rueda allí? En general, hay dos tipos de soluciones a este problema. Alguna gente cree que las festividades paganas en la rueda del año deberían celebrarse como lo hacían las culturas originales. Por ejemplo, Yule se celebraría en diciembre sin importar en qué hemisferio estés. Deberías conseguir un árbol y decorarlo aunque en el exterior sea invierno o verano.

La segunda forma de plantearlo es que el paganismo es una práctica espiritual basada en la naturaleza. Esto significa que, para practicar la religión y la espiritualidad, solo tienes que seguir a la naturaleza. Y como la naturaleza está en verano en tu zona, deberías celebrar las festividades veraniegas y no las invernales.

Aquí no hay una solución perfecta. En mi opinión, cada bruja debería decidir cómo celebrar la rueda. Si para alguien es importante celebrar las tradiciones culturales de la rueda, entonces debería celebrarlas como lo hacen en el hemisferio norte. Porque, para esa persona, el festival es importante tanto por la cultura que lo creó como por el festival en sí mismo. No obstante, otras personas preferirán celebrar los ciclos y las estaciones y las cosechas según ocurran en su zona.

De verdad, no hay una respuesta buena ni una mala, solo es cuestión de preferencias personales. Da igual en qué hemisferio vivas: vas a pasar por los solsticios de invierno y verano y los equinoccios de primavera y otoño. También vas a experimentar tus propios ciclos de cosecha.

Así pues, ¿cómo se celebra una festividad invernal durante los meses de verano? ¡A lo mejor no es necesario! Escucha a la tierra que te rodea, siente su energía. Cuando reconozcas y celebres los cambios del otro lado del mundo, recuerda dejar un espacio para apreciar y reverenciar tu propia zona.

18

CREA TU PROPIA RUEDA

«Otros han visto lo que es y han preguntado por qué.
Yo he visto lo que podría ser y me he preguntado por qué no».

—Pablo Picasso

¡La creatividad llega cuando menos la esperamos! Si me hubieras dicho cuando empecé que me desviaría drásticamente de la rueda neopagana del año, la primera que aprendí, hubiera creído que se trataba de una mentira. No puede ser, ¡es la rueda del año! Pero, cuando el universo llama, es importante detenernos a escucharlo.

Cuando era niña, mi familia celebraba casi todos los festivales, fiestas y días sagrados que aparecían en el calendario. Mi madre prestaba más atención a los días festivos con santos y sus celebraciones favoritas eran Navidad y Halloween (en ese orden). Las decoraciones para cada fiesta aparecían con semanas de antelación y preparaba cenas temáticas. Hoy en día sigo traumatizada por un Halloween en concreto en el que montó una «casa encantada» en la entrada de nuestra casa. Cocinó espaguetis y los dejó en la nevera para que se enfriasen. También había un cuenco de ojos, que juraría que eran huevos duros pequeños (¿o puede que uvas peladas?). Lo único que sé es que salí gritando de mi propia casa después de que mi madre me hiciera meter la mano en el cuenco de cerebros de espagueti.

Hace unos años empecé a analizarme a mí misma, a mi espiritualidad, el motivo por el que hacía lo que hacía y por qué creía en ciertas cosas. Uno de los elementos que más examiné fue la rueda del año. No encajaba. ¿Estaba obligada a usarla por ser pagana o bruja? La respuesta es un rotundo NO. Esa rueda se creó hace unos sesenta años y podemos desviarnos de ella todo lo que queramos sin dejar de ser «brujas auténticas».

Cuando los practicantes de la Wicca inglesa decidieron crear un calendario, extrajeron gran parte de sus festividades de los pueblos irlandeses, escoceses, gaélicos y germánicos. Además de sacarlas de su contexto original con los dioses originales, no dieron crédito a las culturas o los orígenes de estos festivales y dejaron, en la práctica, muchos huecos. La comunidad pagana ha tardado años en desenredar la rueda y conocer mejor los orígenes de cada festival.

El paganismo moderno guarda un gran secreto: no hace falta celebrar los festivales al mismo tiempo que el resto del mundo. Yo no suelo celebrar muchas de las cosechas con el resto de la humanidad, porque no tiene sentido en el clima en el que vivo. El 1 de agosto es la cosecha de trigo, Lammas o Lugnasad. En el sur de Florida, hace un calor infernal a principios de agosto. Aquí no cosechamos trigo ni tampoco preparamos pan. Así que he excluido esta festividad de mi rueda. A veces sí que le rindo tributo si estoy de vacaciones por el norte porque es divertido; pero, si no, no forma parte de mi práctica.

¡La rueda que vayas a crear será tan flexible como tú! Algunas fiestas religiosas y espirituales no son demasiado flexibles (y las astronómicas tampoco lo son, porque un solsticio siempre caerá en el solsticio). Sin embargo, tienes libertad para elegir cuándo y cómo celebrarás estas tradiciones en tu práctica. La rueda siempre gira y es tan maleable como tú. Aunque hoy decidas hacer algo concreto con la rueda, luego siempre podrás adaptarla si hace falta.

Cuando empecemos a crear nuestra rueda del año y a usarla de verdad, es muy importante llevar un registro escrito. ¿En qué festivales y celebraciones has participado? ¿Los repetirías? ¿Qué partes fueron divertidas y por qué? ¿Fue como lo planeaste? ¿Qué rituales has llevado a cabo? ¿Con qué personas los has celebrado? ¿Y si tomas nota de todo?

En la vida, no dejamos de asimilar información y cambiar la forma de hacer las cosas. Si conoces nuevos dioses o diosas por el camino o acabas descubriendo cosas sobre tus antepasados que no sabías de antes, podrás incorporarlos a la rueda sin mucho esfuerzo. Cuando te mudes, puedes cambiarla o crear una nueva que se adapte al nuevo clima y a tu nueva rutina. Esto te permitirá tener libertad no solo en tu práctica, sino también en tu vida personal.

Hay muchas festividades paganas ajenas a las ocho que hemos elegido que aparecen en la rueda. En *Religious Holidays and Calendars*, un recurso bastante exhaustivo, se enumeran treinta y una festividades paganas, y eso sin contar un montón de festivales o celebraciones de otras religiones. Cuando crees tu rueda, eres la capitana de ese barco. Si quieres incorporar fiestas religiosas de tu cultura, no hay nada que te lo impida. Mi rueda tiene doce puntos en vez de ocho porque quería incorporar otros días sagrados.

La mejor forma de empezar a crear tu rueda es ponerte manos a la obra. De la misma forma que hacemos un panel de inspiración (o un panel en Pinterest), ahora vas a crear un panel para tu rueda. Necesitarás fotos, papel, tijeras y pegamento. Al hacerlo a mano y no en digital, te dará la sensación de que vas a crear de verdad tu propia rueda del año.

Empieza con enero: escribe todos los pensamientos que tengas relacionados con ese mes. Y luego sigue con el resto de meses.

Aquí tienes un ejemplo de cómo es mi lista al vivir en el sur cálido y húmedo de Florida:

Enero: clima suave, playas, festival de Art Déco, empieza
la temporada de naranjas

Febrero: pez pastorcillo, clima frío, comida y vino, recogida de
la fresa

Marzo: música irlandesa, nublado, lluvioso, carnaval de Miami,
empieza la temporada de melones

Abril: mucho sol, calor sin humedad, mi cumpleaños, declaración
de impuestos, empieza la temporada de arándanos

Mayo: calor, estrés, brilla el sol pero sin molestar, empieza
la temporada de mangos

Junio: lluvia, calor, humedad, empieza la temporada de aguacates

Julio: calor, humedad, lluvia, sandía, buena luz, el sol daña las
plantas por las tardes, petardos, empieza la temporada de
fruta de la pasión

Agosto: calor, humedad, no salgas, empieza la temporada de uvas, uvas dulces en Publix

Septiembre: pre-Halloween, buen sol por la tarde, calor, empieza la temporada de calabazas, crecen los tomates

Octubre: Halloween, la mejor luz, libros, temporada de naranjas Navel

Noviembre: cambio de hora, la mejor luz, anochece temprano, acaba la temporada de la pitihaya

Diciembre: frío, seco, luz azulada, empieza la temporada de pomelos

Cuando termines tu lista, añade los elementos espirituales que asocies a cada uno de los meses. Abajo tienes un ejemplo de cómo veo yo el año a partir de mi lugar de residencia y mi vida personal. También me gusta asignar un elemento que relaciono con cada mes para que sea más fácil crear hechizos y rituales. Estos elementos cambian con el tiempo y la localización. Es de esperar que tus elecciones sean diferentes a las mías. De hecho, es lo que busco, así que te animo a que establezcas tus propios vínculos y tomes las riendas en la creación de una rueda que funcione para ti y tu magia.

Suelo fijarme mucho en la luz a lo largo del año. Donde vivo no suele estar nublado, no hace frío, no hay nieve y no hay muerte. Literalmente, en Florida no hay una temporada latente y, de hecho, el invierno es la temporada de más producción. Este momento es para que determines qué festividades y festivales se alinean más con tu forma de percibir el año. Crea una lista separada como has hecho con tus notas espirituales para los meses del año (aquí está la mía):

Enero	tranquilidad, silencio, descanso	aire
Febrero	caótico, energético, frenético, amor	agua

Marzo	hogar, melancolía	agua
Abril	calidez, lujuria, nacimiento	fuego
Mayo	anquilosado, en el umbral	tierra
Junio	caer, movimiento sin dirección	agua
Julio	procrastinar, cambios, resolver problemas	fuego
Agosto	motivación, un nuevo comienzo	fuego
Septiembre	motivación y cambio, pesado, caer	aire
Octubre	el fin, muerte, destrucción, silencio	fuego
Noviembre	tranquilidad, apresurado, meditativo	tierra
Diciembre	calma, esperanza, reflexión	tierra

Por último, toma nota de cualquier tradición cultural o festivales asentados que quieras incorporar. Estos pueden ser laicos, religiosos, espirituales o incluso relacionados con tu familia. Si quieres dedicar el 11 de septiembre de cada año a la práctica espiritual, tienes libertad para hacerlo. Los días de recuerdo a gran escala suelen tener el velo más fino y no me cabe duda de que, con los años, el pueblo estadounidense desgastó mucho el velo de ese día. También puedes añadir los acontecimientos familiares a tu año, como los cumpleaños, los aniversarios, el aniversario de la muerte de alguien, días de recuperación, etc. Estos días tienen un significado personal y, cuando los añadimos a nuestras ruedas, mantenemos un vínculo con nuestras necesidades emocionales y espirituales.

Fusionar estas ideas y conceptos en una rueda fluida es de lo más emocionante. Te liberas de la presión de hacer las cosas del modo «correcto» cuando empiezas en la brujería. Crear un sistema que funciona para ti y permite que la energía de tu espíritu y los espíritus de tus antepasados fluyan con libertad. ¿Recuerdas esas fotos y revistas de las que he hablado antes? Es hora de crear un panel de inspiración. Examina lo que has escrito para cada mes. ¿Qué características asocias con cada uno? ¿Qué aspecto tienen esas características? Date libertad para crear un collage para cada mes. Usa palabras, fotos y tu intuición para montar una obra de arte dedicada a tu año.

Si miramos mi rueda (que encontrarás escrita a continuación), verás que no aparecen algunas de las celebraciones paganas modernas, en concreto Lugnasad e Imbolc. Para mí, ninguno de estos festivales se alinea con la naturaleza en la que vivo todos los días. Además, celebro tres cosechas específicas de mi clima: la del mango, la del aguacate y la de la naranja. He mezclado festividades laicas con religiosas y celebro el cambio de la temporada de huracanes a la «normal»; de hecho, es una forma importante de organizarme. Mi rueda tampoco es un «círculo», sino un sistema escalonado por prioridades. Es lo que a mí me funciona en el lugar que vivo física, mental y espiritualmente. Tu rueda seguro que tendrá un aspecto distinto. Pásatelo bien llenándola y decidiendo cuándo y cómo quieres celebrar cada cosa. Y recuerda: ¡no hay una forma equivocada de ser tú misma!

LA RUEDA DEL AÑO DE TEMPERANCE

Temporada de huracanes (1 de junio - 30 de noviembre)

Cosecha de aguacates (mayo - junio)

Cosecha de mangos (mayo - agosto)

Litha (solsticio de verano)

Mabon (equinoccio de otoño)

Días de luto (septiembre)

Yom Kippur (septiembre - octubre)

Samaín (octubre - noviembre)

Cosecha de naranjas (noviembre - abril)

No es temporada de huracanes (1 diciembre - 30 de mayo)

Yule (solsticio de invierno)

Día de San Valentín (14 de febrero)

Ostara (equinoccio de primavera)

Mi cumpleaños (abril)

Temporada de tiburones (abril)

Beltane (1 de mayo)

Tras mirar mi rueda, tómate un segundo para evaluar de verdad las festividades con las que planeas trabajar. ¿Dónde encajan? ¿Son independientes o están vinculadas a una estación más amplia, igual que las mías están relacionadas con la temporada de huracanes? Esta temporada es una época del año en la que llueve mucho, así que me gusta venerar la estación de tormentas que se aproxima.

Si tu rueda puede tener el aspecto que tú quieras, ¿qué incluirías?

Crear nuevas tradiciones estacionales

La última parte de crear y personalizar tu propia rueda del año es idear tradiciones estacionales que, además de celebrar, ¡quieras dedicarte a ellas por completo y transmitir a tu familia! Cuando me casé, pasé la temporada de Yule en la casa de mis suegros. Cada noche, mi suegra se sentaba delante del televisor y hacía un bordado precioso para un adorno de Navidad. Resulta que había hecho uno por cada año que llevaba casada. Los adornos eran temáticos y reflejaban un suceso importante en su matrimonio o su vida.

Cuando le pregunté por qué lo hacía, me contó que, al casarse, le dieron un libro de tradiciones para empezar una nueva familia. Mantuvo tres: la de los adornos bordados y preparar pan para el Día de Acción de Gracias y para Navidad. Como resultado, todos sus hijos las incorporaron también a sus vidas. Sus hijas se habían casado y cada una tiene ya una colección de adornos bordados sobre la familia. Además, cada hijo ha aprendido las recetas para los panes de Acción de Gracias y Navidad. Observar cómo estas tradiciones empiezan en una generación y se transmiten a otras me mostró un nivel de estabilidad y amor que no había experimentado antes. Gracias a esta transmisión de tradiciones, el amor por todos nuestros antepasados sobrevive.

Cuando comienzas una nueva tradición familiar, esta puede ser tan sencilla como: «Por Lammas comeremos pan recién hecho» o tan compleja como dedicar veinticinco días a bordar a mano un adorno para el árbol de Yule. Mi gran detonante para crear tradiciones y prácticas en la rueda del año fue cuando me quedé embarazada. A esas alturas llevaba diez años viviendo fuera de los límites de la «familia», ya que me había quedado huérfana de niña. Empecé a considerar algunas tradiciones y su importancia para mí y mi familia en crecimiento. ¿Qué cosas había hecho de niña que quisiera renovar ahora?

Para mí, la rueda del año empieza en Samaín, así que comencé por ahí. Reviví la versión familiar de la cena muda con la que crecí y que tanto me gustaba. Luego proseguí con la temporada de cosecha de naranjas, ya que me gustó incorporarla a mis devociones anuales. En el norte se recogen manzanas, pero en Florida hay cítricos. Llevarse a casa bolsas de naranjas recién cogidas tiene sus beneficios: ¡bolas aromáticas de naranja! Son naranjas que se decoran con clavos. Se suelen asociar con Yule y, como las recojo en noviembre, puedo hacerlas con mi hija para nuestro altar estacional y que dure toda la estación.

De niña, Yule se convirtió en una época en la que el hogar tenía prioridad en mi casa. Si no había galletas en el horno, había una tarta o un bizcocho. Pasábamos las noches viendo películas antiguas de Navidad y leyendo libros. El valor de Yule era la presencia, no los regalos.

Al entrar en el año nuevo, celebramos la fiesta de San Valentín cocinando en casa los unos para los otros.

Durante Ostara, arrastro a mi familia y amigos al vivero para elegir las plantas que queremos que crezcan en verano y a veces también elijo algunas semillas para el otoño. Los niños se emocionan plantando cosas en el jardín, porque eso significa que han creado y mantenido un trocito de tierra.

En abril celebramos varios cumpleaños y damos la bienvenida a los tiburones en nuestras aguas. Los tiburones son una parte esencial en la vida oceánica del sur de Florida y yo rezo por su seguridad para que no los cacen. El ciclo empieza de nuevo y me gusta ir a la playa a recoger basura para que no acabe en el océano. Soy devota de un dios del mar, así que dedico mi tiempo a contribuir a que el agua de mi zona goce de buena salud.

Cada parte de la rueda del año contiene algo pequeño pero significativo que hago para reafirmar mi devoción en mi camino. Hacer rituales todos los días no es, para mí, una práctica sostenible ni auténtica.

He descubierto que, a nivel espiritual, soy más productiva cuando dedico tiempo a estar en la naturaleza creando y curando. Imagínate durante una cosecha o un festival cuando quieras empezar una tradición. ¿Qué estás haciendo y quién está contigo?

REFLEXIONES FINALES

Ahora que ya estoy terminando de escribir, es justo decir que... ¡el trabajo de verdad solo acaba de comenzar! Tu rueda del año empieza aquí y ahora. Es importante aprovechar las oportunidades que se nos presentan para mejorar el mundo. ¿Qué le ocurriría a tu magia si te vieras obligada a mudarte mañana? ¿Serías capaz de seguir con ella en un nuevo lugar con un terreno distinto, unos espíritus, elementos y climas diferentes? ¿O te costaría aclimatarte como un pez fuera del agua porque intentas conectar usando métodos que ya no son efectivos en ese sitio?

La práctica conectada de la rueda del año tiene sus raíces en lo que te motiva a unirte con la tierra en la que vives, a tocar y experimentar todo lo que la tierra tiene que ofrecerte mientras estás vinculada a la única constante que existe: el tiempo. Da igual si tu altar sigue la estética actual o prefieres recibir tu dosis diaria de espiritualidad al aire libre: lo que importa es que cada día aproveches para esforzarte y crecer más con tu magia. Solo nosotras podemos llegar lejos en este camino.

Me resulta surrealista terminar este libro tras escribir y sufrir con cada palabra. Sin embargo, creo que cada vez es más importante leer la perspectiva de nuevas voces sobre cualquier tema en brujería, paganismo y el paraguas que es el *New Age*. Hace poco me habló una mujer a quien le parecía que no valía la pena comprar nuevos libros sobre brujería. Según ella, si ya lo has leído antes, no hace falta volverlo a leer. ¿Qué más se puede aprender sobre magia con velas o brujería acuática o la rueda del año? ¿Cuántos libros hace falta publicar que digan «lo mismo»? Pero, para mí, esa opinión se basa en la ignorancia.

Siempre habrá algo nuevo que aportar al mundo de la espiritualidad. Cada persona posee una conexión única y divina con el universo y gracias a ella su narrativa se vuelve especial. La mía ha aprendido a navegar y amar la rueda del año, incluso cuando no me gustaba o me sentía limitada por ella. Mi perspectiva es única porque incorpora conocimientos científicos y temas históricos.

Y con esto y mucha calma, el libro se acaba. La rueda del año sigue girando, el sol seguirá elevándose en el cielo, lleno de posibilidades. Y luego retrocederá, pero sin desaparecer. Y cuando creamos que todo está perdido, volverá a resurgir y sabremos que hemos encontrado nuestro lugar en la naturaleza. Como brujas, nos unimos a la naturaleza no como sus propietarias, sino como sus defensoras y paladines. ¿Qué lugar vas a ocupar tú?

APÉNDICE A

LISTA DE FIESTAS PAGANAS

Esta lista no incluye todos los acontecimientos o festivales paganos, pero comprende los más habituales que celebran paganos de todo el mundo. También incluye fiestas de las culturas celta, germánica, romana, afro-caribeña, shinto y folclórica. Hay muchas brujas tradicionales y muchos paganos que celebran algunos días dedicados a santos católicos, así que también los he incluido.

OCTUBRE
4 de octubre
> Festividad de San Francisco de Asís
> Festividad de Orula

31 de octubre
> Víspera de Samaín

NOVIEMBRE
1 de noviembre
> Samaín
> Día de todos los Santos

5 de noviembre
> Noche de Guy Fawkes

11 de noviembre
> Fiesta de San Martín (antiguo Halloween)

DICIEMBRE

4 de diciembre

Festividad de Santa Bárbara

Festividad de Changó

17-23 de diciembre

Saturnales

Solsticio de invierno

Yule (comienzo)

31 de diciembre

Hogmanay

Omisoka

ENERO

1 de enero

Día de Año Nuevo

5 de enero

Acaba Yule

FEBRERO

1 de febrero

Imbolc

2 de febrero

Festividad de Oyá

3 de febrero

Setsubun

14 de febrero

Lupercales

Día de San Valentín

MARZO

3 de marzo

Hina Matsuri

Equinoccio de primavera

Ostara

Shubun-sai

22 de marzo

Festividad de Orisha Oko

ABRIL

22 de abril

Día de la Tierra

30 de abril

Noche de Walpurgis

MAYO

1 de mayo

Beltane

Fiesta de los mayos

5 de mayo

Koi-no-bori

JUNIO

6 de junio

Festividad de Oshosi

Solsticio de verano

Litha

24 de junio

Día de San Juan

29 de junio

Festividad de Ogun

30 de junio

Nagoshi-no-Oharai

JULIO

13-15 de julio

Festival de O-bon

31 de julio

Víspera de Lammas

AUGUST

1 de agosto

Lammas

Lughnasadh

SEPTIEMBRE

7 de septiembre

Festividad de Yemayá

8 de septiembre

Festividad de Oshun

Equinoccio de otoño

Mabon

Llevar la cosecha a casa

24 de septiembre

Virgen de la Merced

Festividad de Obatalá

27 de septiembre

Festividad de Ibeyí

29 de septiembre

Festividad de Erinlé

APÉNDICE B

POLVO DE CASCARILLA

¡El polvo de cascarilla es un ingrediente esencial y fácil de hacer para protecciones! La cascarilla se hace a partir de cáscara de huevo molida y se usa sobre todo en protección y purificación espiritual. Surgió en el hoodoo y la santería, pero se ha popularizado en todo Estados Unidos porque es fácil de conseguir. También puede ayudar a crear barreras espirituales (igual que la sal), bendiciones, contribuir a la protección y es un añadido nutricional perfecto para las plantas del jardín.

Se pueden usar cáscaras blancas o marrones, así que aprovecha las que tengas. Si es posible, pon una bolsa debajo del fregadero o en cualquier otra parte de la cocina para recoger las cáscaras.

El agua de Florida (mira el Apéndice C) también es conocida por sus propiedades protectoras y complementa muy bien con el polvo de cascarilla.

> Consejo profesional: cuando rompas un huevo, limpia
> la cáscara en el grifo para separar la membrana. Así
> obtendrás un polvo de mayor calidad.

Ingredientes:
- Dos docenas de cáscaras de huevo secas
- Un robot de cocina o un mortero
- Media cucharadita de agua de Florida
- Un frasco de cristal pequeño o un recipiente que se pueda cerrar.

Hornea las cáscaras de huevo a unos 90 ºC durante media hora para que se sequen más. Así se quita el exceso de humedad y el polvo quedará más fino. Es un paso importante si planeas triturar las cáscaras a mano usando un mortero. Si usas cáscaras blancas, es posible que el color cambie un poco. No te preocupes: el polvo seguirá siendo blanco.

Cuando se terminen de hornear, tritúralas hasta conseguir un polvo fino; puedes usar un mortero o un robot de cocina. Conseguirás un polvo más fino y te ahorrarás un buen dolor muscular con el robot. Añade una media cucharadita de agua de Florida y remueve hasta conseguir una consistencia fina, como de arena. Guarda el polvo de cascarilla en un frasco o haz tiza con ella.

Para hacer tiza, mezcla una cucharada de arena con otra de polvo de cascarilla. Añade una cucharada de agua templada y remueve para combinar los ingredientes hasta que puedas formar una bola con las manos. Estíralos para formar palitos de entre un centímetro y dos y medio en diámetro y deja que sequen entre tres y cinco días. También puedes hacer bolitas y colocarlas en recipientes de papel, como los que se usan de moldes para magdalenas (es el método más sencillo). Guarda la tiza en un recipiente de cristal, plástico o metal para evitar que se rompa y déjala en un lugar frío y oscuro.

Nota: puedes aumentar las propiedades mágicas del polvo de cascarilla añadiendo una cantidad pequeña de hierbas machacadas a la mezcla. Puedes añadir una pizca de sal o romero triturado para purificar; una pizca de canela para proteger o una pizca de clavo molido para atraer dinero. Pero ve con cuidado: si te pasas, la mezcla no se mantendrá pegada para formar la tiza.

APÉNDICE C

AGUA DE FLORIDA

El agua de Florida es una colonia que se usa sobre todo para purificar espacios y energías. Se dice que recibe este nombre de dos fuentes: una, la Fuente de la Juventud (que, al parecer, existiría en Florida), y la otra, por ser una traducción de «floral». ¡El agua de Florida es bastante fácil de hacer en casa! Ingredientes:

- 470 mililitros de vodka con una alta concentración o alcohol de desinfectar
- Una rama de romero
- 6 hojas de laurel (opcional)
- Media cucharadita de aceite esencial de clavo
- Media cucharadita de aceite esencial de lavanda
- Media cucharadita de aceite esencial de naranja
- Unas gotitas de aceite esencial de verbena
- Un bote de cristal pequeño o una botella de espray de plástico.

Saca entre 30 y 60 mililitros de la botella de alcohol para dejar espacio a los otros ingredientes. Mete el romero y las hojas de laurel y agita con suavidad. Añade los aceites esenciales y agita con vigor para que se mezclen bien. Guarda la botella en un lugar frío y oscuro (en una estantería o debajo del fregadero) y agita antes de cada uso. Para limpiar puertas, altares, coches o purificar gente, usa botellas de espray más pequeñas.

Bibliografía

Adler, Margot. *Drawing Down the Moon*. Nueva York: Penguin, 1979.

Allen, Ginger M., y Martin B. Main. *Florida's Geological History*. Department of Wildlife Ecology and Conservation, Florida Cooperative Extension Service, Institute of Food and Agricultural Sciences, University of Florida, 2005, www.orange.wateratlas.usf.edu.

Andrews, Ted. *Simplified Magic: A Beginner's Guide to the New Age Qabala*. St. Paul, MN: Llewellyn, 1989.

Auryn, Mat. *Psychic Witch: A Metaphysical Guide to Meditation, Magick & Manifestation*. Woodbury, MN: Llewellyn, 2020. Disponible en castellano con la traducción de Manuel Manzano Gómez: *Brujería psíquica*. Barcelona: Ediciones Obelisco, 2022.

Baker, Jerry. *Jerry Baker's Old-Time Gardening Wisdom: Lessons Learned from Grandma Putt's Kitchen Cupboard, Medicine Cabinet, and Garden Shed!* New Hudson, MI: American Master Products, 2002.

Bartholomew, Mel. *Square Foot Gardening: A New Way to Garden in Less Space with Less Work*. Nueva York: Rodale, 2005.

Bellenir, Karen, ed. *Religious Holidays and Calendars: An Encyclopedic Handbook*. Detroit, MI: Omnigraphics, 2009.

Blackthorn, Amy. *Sacred Smoke: Clear Away Negative Energies and Purify Body, Mind, and Spirit*. Newburyport, MA: Weiser Books, 2019.

Boland, Bridget, and Maureen Boland. *The Complete Old Wives' Lore for Gardeners*. Londres: The Bodley Head, 1989.

Borrero, Francisco J., et al. *Glencoe Earth Science: Geology, the Environment and the Universe*. Columbus, OH: McGraw-Hill, 2017.

Burton, Nylah. «Is Burning Sage Cultural Appropriation? Here's How to Smoke Cleanse in Sensitive Ways», *Bustle*, 19 de julio de 2019, www.bustle.com.

Campanelli, Pauline, and Dan Campanelli. *Wheel of the Year: Living the Magical Life*. Woodbury, MN: Llewellyn, 2003.

Campisano, Christopher. «Milankovitch Cycles, Paleoclimatic Change, and Hominin Evolution». *Nature Education Knowledge* 4, n.o 3: 5.

Cavendish, Richard. *The Black Arts: A Concise History of Witchcraft, Demonology, Astrology, Alchemy, and Other Mystical Practices Throughout the Ages*. Nueva York: Perigee, 2017.

Cicero, Chic, and Sandra Tabatha Cicero. *The Essential Golden Dawn: An Introduction to High Magic*. Woodbury, MN: Llewellyn, 2011.

Deerman, Dixie, and Steve Rasmussen. *The Goodly Spellbook: Olde Spells for Modern Problems*. Nueva York: Sterling, 2005.

Ede-Weaving, Maria. «A Call to the Goddess and God of Imbolc». The Order of Bards, Ovates and Druids, www.druidry.org.

Farrar, Janet y Stewart Farrar. *The Witches Way: Principles, Rituals and Beliefs of Modern Witchcraft*. Blaine, WA: Phoenix Publishing, 1988.

Gardner, Gerald Brosseau. *Witchcraft Today*. Nueva York, NY: Citadel Press, 1954.

Gary, Gemma. *The Black Toad: West Country Witchcraft and Magic*. Woodbury, MN: Llewellyn, 2020.

Gary, Gemma. *Traditional Witchcraft: A Cornish Book of Ways*. Woodbury, MN: Llewellyn, 2020.

Green, Marian. *Wild Witch: A Guide to Earth Magic*. Newburyport, MA: Weiser Books, 2019.

Heron, Dr. Timothy (ravenrunes). «Lightwork is Not the Same as Witchcraft», Instagram TV, www.instagram.com, 2 de diciembre, 2019.

Herstik, Gabriela. *Inner Witch: A Modern Guide to the Ancient Craft*. Nueva York: Perigee, 2018. Disponible en castellano con la traducción de María

Angulo Fernández: *Cómo ser una bruja moderna*. Barcelona: Roca editorial, 2018.

Hodgkinson, G. P., J. Langan-Fox y E. Sadler-Smith. «Intuition: A Fundamental Bridging Construct in the Behavioural Sciences». *British Journal of Psychology* 99 (2008): 1-27.

Houghton, John. *Global Warming: The Complete Briefing*. Cambridge, Reino Unido: Cambridge University Press, 2009.

Howard, Michael. *The Sacred Ring: The Pagan Origins of British Folk Festivals and Customs*. Freshfields, Chieveley, Berks: Capall Bann, 1995.

Hutton, Ronald. *The Stations of the Sun: A History of the Ritual Year in Britain*. Nueva York: Oxford University Press, 1996.

Kallestrup, Louise Nyholm. *Agents of Witchcraft in Early Modern Italy and Denmark*. Nueva York: Palgrave Macmillan, 2015.

Koren, Marina. «The Pandemic Is Turning the Natural World Upside Down». *The Atlantic*, 2 de abril de 2020, www.theatlantic.com.

Lazic, Tiffany. *The Great Work: Self-Knowledge and Healing Through the Wheel of the Year*. Woodbury, MN: Llewellyn, 2015.

Lewis, Rabbi Mendy. «Tzav: Our Internal and External Fires». *Jewish Standard*, 6 de abril de 2017, jewishstandard.timesofisrael.com.

The Malleus Maleficarum of Heinrich Kramer and James Sprenger. Traducción al inglés de Montague Summers. Nueva York: Dover, 1971. Disponible en castellano con la traducción de Emeterio Fuentes: *Malleus Maleficarum (el martillo de los brujos)*. Madrid: Editorial Verbum, 2020.

McIlvenna, Una. «How Bread Shortages Helped Ignite the French Revolution». History.com, A&E Television Networks, 30 de septiembre de 2019, www.history.com.

Meredith, Jane. *Circle of Eight: Creating Magic for Your Place on Earth*. Woodbury, MN: Llewellyn, 2015.

Nock, Judy Ann. *The Modern Witchcraft Guide to the Wheel of the Year: From Samhain to Yule, Your Guide to the Wiccan Holidays*. Avon, MA: Adams Media, 2017.

O'Gaea, Ashleen. *Celebrating the Seasons of Life: Beltane to Mabon: Lore, Rituals, Activities, and Symbols.* Franklin Lakes, NJ: New Page Books, 2005.

O'Gaea, Ashleen. *Celebrating the Seasons of Life: Samhain to Ostara: Lore, Rituals, Activities, and Symbols.* Franklin Lakes, NJ: New Page Books, 2004.

Orchard, Brian. «Tied to the Land». Vision, otoño de 2011, www.vision.org.

Rajchel, Diana. Mabon: *Rituals, Recipes and Lore for the Autumn Equinox.* Woodbury, MN: Llewellyn, 2015.

Richards, Jake. *Backwoods Witchcraft: Conjure and Folk Magic from Appalachia.* Newburyport, MA: Weiser Books, 2019.

Riebeek, Holli. «The Carbon Cycle». NASA, 16 de junio de 2011, earthobservatory.nasa.gov.

Serith, Ceisiwr. *A Book of Pagan Prayer.* Newburyport, MA: Weiser Books, 2018.

Starhawk. *The Spiral Dance: A Rebirth of the Ancient Religion of the Great Goddess.* Nueva York: HarperSanFrancisco, 1999. Disponible en castellano con la traducción de Núria López: *La danza en espiral. Un amor infinito. El renacimiento de la antigua religión de la Gran Diosa.* Barcelona: Ediciones Obelisco, 2012.

Streep, Peg. *Spiritual Gardening: Creating Sacred Space Outdoors.* Makawao, HI: Inner Ocean, 2003.

Zotigh, Dennis. «Native Perspectives on the 40th Anniversary of the American Indian Religious Freedom Act». *Smithsonian Magazine,* 30 de noviembre de 2018, www.smithsonianmag.com.